启迪人生的
中外哲学

本书编写组◎编

本书所选篇目风格多样，有人物传记、山水游记、序文、铭文等，编者想以此来帮助青少年认识古文的绚丽多彩。

世界图书出版公司
广州 · 北京 · 上海 · 西安

图书在版编目（CIP）数据

启迪人生的中外哲学 /《启迪人生的中外哲学》编写组编 . —广州：广东世界图书出版公司，2010. 4 （2024.2 重印）

ISBN 978 – 7 – 5100 – 2188 – 6

Ⅰ. ①启… Ⅱ. ①启… Ⅲ. ①哲学 – 青少年读物 Ⅳ. ①B – 49

中国版本图书馆 CIP 数据核字（2010）第 070747 号

书　　名	启迪人生的中外哲学 QIDI RENSHENG DE ZHONGWAI ZHEXUE
编　　者	《启迪人生的中外哲学》编写组
责任编辑	余坤泽
装帧设计	三棵树设计工作组
出版发行	世界图书出版有限公司　世界图书出版广东有限公司
地　　址	广州市海珠区新港西路大江冲 25 号
邮　　编	510300
电　　话	020–84452179
网　　址	http://www.gdst.com.cn
邮　　箱	wpc_gdst@163.com
经　　销	新华书店
印　　刷	唐山富达印务有限公司
开　　本	787mm × 1092mm　1/16
印　　张	10
字　　数	120 千字
版　　次	2010 年 4 月第 1 版　2024 年 2 月第 10 次印刷
国际书号	ISBN　978–7–5100–2188–6
定　　价	48.00 元

前　言

中国哲学始于先秦，进入封建社会以后，中国哲学在殷周哲学的基础上，继续发展，形成了历史久远，具有较高形态的哲学体系。

中国哲学一直以儒学为正统，具有浓厚的伦理色彩。儒学虽因袭了传统的天命观念，但着眼于现实社会，不注重彼岸世界；强调道德教育而非宗教说教。一些具有唯物主义倾向的思想家以“正统”自居，批判宗教神学观点。而在西方，中世纪时神学占据了统治地位，哲学成为神学的婢女，唯物主义思想只能披上宗教的外衣或以宗教异端的形式存在。

中国哲学有自己独特的传统概念范畴。中国哲学的概念范畴有：道、气、理、神、虚、诚、明、体、用、太极、阴阳等，凝结着中国思想家的智慧。在中国哲学长期的历史发展过程中，这些范畴被不断地充实、丰富，赋予新的内容，围绕这些范畴展开了深入地讨论，将中国哲学的理论思维水平不断提高。

古希腊是欧洲乃至整个西方哲学的故乡，在一定意义上可以说古希腊哲学的前提是古希腊神话。当时的人追求一种所谓神我合一的状态，他们相信以这种方式可以获得其他方式所不能获得的神秘知识。这种神秘的宗教意味进入古希腊哲学特别是柏拉图哲学，又从柏拉图哲学开始渗透到后来的大部分哲学中。

古希腊的哲学思想虽然以神话和传说为前提，但神话和传说中的神和半人半神的英雄都是现世人的投影。西方哲学从神话中脱胎而出之后，在马克思主义哲学形成之前，经历了古希腊古罗马哲学、中世纪哲学和近代哲学三个时期。

在古希腊古罗马哲学系统化阶段，亚里士多德创立的形式逻辑，为传统逻辑打下了坚实的基础。欧洲中世纪，天主教在世俗生活和精神生活各方面

都占据了统治地位，哲学的作用是为教义和信仰作理性地解释。

14 世纪初至 15 世纪中叶，由于教会的衰微和自然科学的发展，正统的经院哲学日趋没落，哲学愈益脱离神学，个人自由的思想开始萌发，中世纪哲学逐渐向近代哲学过渡。

近代哲学是伴随着人类的自我觉醒而形成的。这个时期，人们的思想从宗教的彼岸世界返回到了尘世，从而发现了自然，也发现了人自身，开始追求知识，渴望个人自由。

本书名为《启迪人生的中外哲学》，着重点主要放在哲学对人生的启迪上。第一部分和第二部分比较全面地介绍了中外哲学发展史上的主要流派和基本思想，了解这些，能让我们知道自己的思想根源从哪里来，从而引发我们对自己的人生进行比较深刻的思考。第三部分带你走进古今中外第一流大哲学家的人生世界，主要是通过他们的一些“经历”来观照我们的人生，给我们以启迪。第四部分将哲学的触角深入到我们人生的细部，从理想、爱情、事业的成败等方面来揭示人生的真谛。第五部分旨在让我们汲取古今中外哲人的智慧，指点我们的人生，从而创造出更加美好的未来。

由于中外哲学源远流长，博大精深，各种思潮此起彼伏，哲学名家也是层出不穷，编者水平、识见有限，疏漏难免甚至可能出现错误，希请读者谅解并指正。

目 录

中国哲学流派

外国哲学流派

哲人的人生世界

揭示人生的真谛

指点人生的智慧

中国哲学流派

儒　家

儒家的创始人是春秋时的孔子。儒家学说是中华民族传统价值观中最重要的一支，它以强势的道德意识及政治理想成为贯穿中华民族历史的主流价值观。

基本观点

伦理观：仁是儒家伦理道德的总纲。仁就是爱人，君主要体恤民情、爱惜民力，民众要敬重师长、和睦乡邻。若要实践仁德，需要忠和恕。忠是尽自己的本分，恕是推己及人。提倡以礼、乐约束人的行为，陶冶人的性情。

政治观：主张以礼义治国，恢复西周时期的德治。而社会各阶层人士应尽本分，以达至君君、臣臣、父父、子子的和谐局面。

教育观：孔子提出“有教无类”的主张，认为教育不应分贵贱贤愚。他认为因材施教是理想的教学方法。他提倡温故知新及举一反三等学习方法。

宇宙观：对鬼神之说抱着“存而不论”的态度，主张“敬鬼神而远之”，但却十分重视祭祀祖先。

孔子像

其后孟子以“性善说”论述仁。他认为人性本善，具备了恻隐、羞恶、辞让、是非四种善端，加以发扬，便可形成仁、义、礼、智的德行。

荀子主张“性恶论”，认为人与禽兽无异，“饥而欲饱，寒而欲暖”，若顺从人的本性而行，必会引起纷争。他主张通过教育改变人的本性，为善去恶。荀子强调通过“礼治”维持社会秩序，使社会各阶层人士安守本分。

儒家学说所倡导的“仁、义、礼、智、信”，被历代统治者及学术界所尊崇，成为中国传统思想的核心及道德的主流。

发展与传播

儒学源远流长，博大精深。它是一个开放的学术体系，上承远古以来的中华文明智慧，在百家争鸣中得以丰富，又在几千年的历史长河中，以海纳百川的学术胸怀不断吸取法家、道家、佛家、基督教等百家文化的营养和精华，以得到发展，逐步趋于理性与科学，不断自新、与时俱进。几乎在中国每个历史王朝中都居于主流思想的地位，成为中国传统文化的骨干与主脉，中华文明的核心与精髓。

儒学作为中华民族集体智慧的结晶，深刻影响了中国几千年，也将继续影响中国乃至世界。儒学的发展大体经历了五个阶段。

儒学第一阶段：原始儒学，即尧、舜、禹、夏、商、周时代儒学原始萌发时期。《中庸》讲“仲尼祖述尧舜，宪章文武，上律天时，下袭水土”，即是关于儒学源流的精辟记述。儒学像一颗生命力坚强的种子，经历了长达几千年漫长而艰难地孕育、生根、发芽、成苗、茁壮过程。这一时期，儒学的影响主要是在黄河中下游地区。

当时圣王一体，帝王既是军事、政治权力的化身，又是人类族群道德楷模和生存发展智慧的化身，因而也是文化的主要创造者和传承者。韩愈提出的儒家道统说，将“尧、舜、禹、商汤、文王、武王、周公……”列入儒家道统传承谱系。孔子对尧、舜、禹、商汤、文王、武王、周公推崇备至，赞不绝口。尤值特书的是，有儒家“元圣”之称的周公，辅佐幼主，平叛治乱，修己安人，建章制礼，为儒学的原初系统化、理论化打下了重要的基础，也以自身的品格、才学、政绩，为儒家提供了十分理想的人格典范，成为孔子及历代大儒、后世精英孜孜以求的理想人格。

儒学的主要表现形态是原始政治伦理哲学，即人道。一些维系族群家邦的重要概念，即儒学的重要范畴，如仁、义、礼、孝、德、明、信等已逐渐明晰和成形，重要理念和思想如“敬德保民”、“明德慎罚”、“以德配天”、“协和万邦”等已形成。

原始儒学另一重要表现形式为对宇宙原始的认知，即天道，主要思想体现在古《易》中。

此一时期，后来被列为儒家经典的《诗》、《书》、《易》、《礼》、《乐》之早期古本已形成和出现。

儒学第二阶段：原典儒学，即春秋、战国时期孔子及其弟子、再传弟子的著述，表现为以“仁道”、“礼治”和中庸之道为核心的孔孟之学。这一时期，儒学影响地域为中原地区。

面对东周末期礼崩乐坏，攻伐不止的混乱局面，孔子“信而好古”，“述而不作”，删诗书，定礼乐，演春秋，聚徒讲学，周游列国，推行理想，矢志于重建上古文明之序，使天下走向稳定与和谐，因此创立了孔学，成为中国文化的集大成者、儒家学派具有开创性的旗手。孔学的核心思想为：仁道、礼治和中庸之道。仁字，为二人相处之意，仁道讲的是朴素的集体主义，仁之意在爱人（“仁者爱人”），仁之本在爱亲（“孝弟也者，其为仁之本与”），仁之实质在克己（“克己复礼为仁”）。礼治主张实行礼乐教化，唤起人的普遍社会伦理责任，达至修齐治平之目标。中庸之道，主张言行适时适度适地适人，作为朴素的辩证法，与折中主义、滑头哲学、调和论有本质的区别，使得仁道和礼治实践得以周全稳妥，是一种大智慧、高境界。

孟学和荀学是孔学之后出现的两大儒学高峰。孟学主张“性善论”、“民贵君轻”、“独立人格”和“王道政治”。荀学提出“性恶论”和在“明于天人之分”基础之上的“制天命而用之”的思想。政治上主张“隆礼重法”，王霸并用，将德治理想主义与法治现实主义相结合，为后世儒学真正走向政治实践做出了重要理论奠基。

儒学第三阶段：汉唐经学，即秦、汉、魏、晋、隋、唐时期，儒学吸收道家、法家、阴阳家、佛家等文化之优长而发展为新儒学。这一时期，儒学影响地域逐渐由中原地区扩展至幅员辽阔的整个古代中国。

此时期儒学发展出现两个高峰：一是在经历秦始皇“焚书坑儒”、汉初黄老之学兴盛之后，董仲舒以儒家义理架构为基础，吸取法家、道家、墨家、阴阳五行家思想的合理成分，创立了“天人之学”，通过“天人三策”说服

董仲舒像

汉武帝实施“罢黜百家，独尊儒术”的政治思想和文化方略，设立五经博士，使儒学由“子学”上升为“经学”，将儒学第一次创造性地用于指导中国一统王朝政权和礼乐刑政制度建设的实践，并取得巨大成效。之后的今古文之争，又在一定程度上避免了儒学因独尊而僵化的局面，促进了儒学经学化发展。二是在经历了汉末、魏、晋、南北朝时期玄学的一度兴起和佛教的普遍流行之后，隋末大儒王通创立了以重建儒家“王道政治”为理想的“河汾之学”，通过门生们影响唐太宗推行儒家王道仁政，后又通过颁发《五经正义》，采用儒家经典取士，形成尊崇儒学之风。同时，王通还第一次站在儒家的立场上提出了“三教可一”的可贵思想，直接影响唐王朝实行尊儒、崇佛、礼道三教共奉的开放文化政策，形成“三教鼎立”、多元文化相互包容并存的气象，对成就“贞观之治”起到了重大的推动作用。

儒学第四阶段：四朝理学，即宋、元、明、清四朝时期，儒学继续吸收佛教、道教等文化及满、蒙等少数民族文化之精华而发展的新儒学。这一时期，儒学不仅广泛影响中国，还远传越南、朝鲜、日本、马来西亚、印度尼西亚等国，甚至一度成为传入国家的主流意识形态，深刻影响了亚洲诸国的发展。

面对新的社会矛盾和佛教、道教及异族文化的冲击，经北宋“五子”奠基，南宋朱熹会通，数代儒家学人前赴后继努力，开创了在宋元明清四朝长达千年占正统和主流地位的学术思潮——理学。理学的基本精神是以儒家仁道主义为价值内核，批判吸纳佛学、道教思辨哲学的某些理论命题、范畴及精神方法，建构起较为精致的形上本体（天、道、理）与心性相贯通的道德形上学，为儒家思想提供了宇宙论、本体论的论证。理学论证了“理”的本体地位和道德理性的至高无上性，一方面为四朝宗法社会政治伦理秩序的合理性与永恒性提供了理论依据，另一方面用儒家道统限制封建政统，抑制君主和官僚专制权力滥用，对于化解各种社会矛盾，维护社会秩序和四代王朝稳定起到了积极的作用。

儒学第五阶段：当代儒学，即1919年以后，儒学经过血与火的洗礼，经受过了无情地批判与打击，站在时代的新起点，应时而起，大开大合，勇敢地吸收中国的马列主义思想、中国的现代道教、佛教、基督教文化、伊斯兰教文化、现代西方思潮等东西方文明的一切优点，融会贯通、充实自我、强健自我，正在建构、发展并积极参与中国历史和人类历史创造的新儒学。

代表人物及其思想

儒家的代表人物，除孔子、孟子两位圣人外，主要代表人物还有如下：

荀子，作《荀子》一书，书中倡导化性起伪的思想，主张隆礼重法，认为人性本恶。因此，人必须经过圣王的教化与自身的学习，才能知道善恶，使行为合乎礼义。对于人的认识能力，荀子反对认识的片面性与主观性，主张“虚一而静”以“解蔽”，也就是可以经由训练而达至“大清明”的境界。

荀子雕像

董仲舒，西汉经学大师，为武帝献策，倡“罢黜百家、独尊儒术”之说，使儒家哲学思想在中国思想史上因政治之势占有正统地位。董氏重要的思想见于《天人三策》及《春秋繁露》中，前者主张儒家的德治理念，提出各项关于政治的及社会的设计；后者在哲学思想的发挥中，强调天人相感的宇宙论及历史观。董仲舒的哲学建构，正是儒者反映时代心灵的特殊写照，因为汉帝国建立之后，君权的绝对性已经使得所有的儒学理想非透过君王的教化不足以落实，因此思考如何使君王行仁政的方法成为了儒家价值之得以落实的关键。董仲舒一方面绝对化君权，君王是天之子故称天子，另一方面则藉由天对天子的制约权而约束天子，藉由天神对天子的赏罚谴告之说以恐吓君王不得行暴政。

道 家

道家是春秋战国诸子百家中最重要的思想学派之一，道家思想的起源很早，传说中，轩辕黄帝就有天人合一的思想。一般来说，公认第一个确立道家学说的是春秋时期的老子。老子在他所著的《道德经》中对道家思想和学说作了详细的阐述。道家思想其他的代表人物还有战国时期的庄周、列御寇等人。道家倡导自然的世界观和方法论，尊黄帝、老子为创始人，并称黄老。

老子巨石像

道家思想的核心是“道”，认为“道”是宇宙的本源，也是统治宇宙中一切运动的法则。西汉初年，汉文帝、汉景帝以道家思想治国，使人民从秦朝苛政中得以休养生息。历史称之为“文景之治”。其后，儒家学者董仲舒向汉武帝提倡“罢黜百家，独尊儒术”的政策，并被后世帝王采纳，道家从此成为非主流思想。虽然道家并未被官方采纳，但继续在中国古代思想的发展中扮演重要角色。宋明理学更是糅合了道学的思想发展而成。

道家思想后来被张鲁的五斗米道等宗教吸收，并演变成中国的重要宗教之一——道教。

基本观点

道家哲学首先摆脱儒家社会哲学的进路，直接从天道运行的原理侧面切入，开展了以自然义、中性义为主的“道”的哲学。天道运行有其自然而然的原理，道的哲学即在阐明此一原理性内涵，而得以提出一个活泼自在的世界空间。透过对此一世界运行秩序的无定限、无执著的认识，道家哲学发展出迥然不同于儒家的社会哲学。

道家重视人性的自由与解放。解放，一方面是人的知识能力的解放，另一方面是人的生活心境的解放，前者提出了“为学日益、为道日损”、“此亦一是非，彼亦一是非”的认识原理，后者提出了“谦”、“弱”、“柔”、“心斋”、“坐忘”、“化蝶”等的生活功夫来面对世界。道家讲究“人天合一”、“人天相应”、“为而不争，利而不害”、“修之于身，其德乃真”、“虚心实腹”、“乘天地之正，而御六气之辩，以游无穷”，“法于阴阳，以朴应冗，以简应繁”等等。

道家的社会哲学不是进取、积极的，因为社会只是天道的过程，而不是目的本身。道家认为儒家的社会理想是合理的，但不是绝对的，因此基本上并不需要提出一套决定性的社会理想，因为天道变化，本身无所谓绝对的是非善恶。因而道家强调得更多的是在社会中生存的智慧，而且这种智慧必须是在任何历史情境的社会之中都行之有效的生存之道。也就因为道家的社会哲学不以自己发展规格为主，而强调应对的智慧，因此利于人们休养生息的需求，故而让汉初的黄老之治有了实验的理论基础。同时安定了千百年来中国士大夫失意于儒家本位的官场文化之后，也能任性逍遥地顺遂人生。

发展与传播

黄老之学是战国时期兴起的哲学思想流派。黄指黄帝，老指老子。战国时期由于五行学说流行，象征五行之主，同时又是华夏始祖的黄帝，成为兵家、法家、阴阳家、神仙家乃至儒家崇拜和依托的对象。《庄子》书中多处以黄帝为寓言中的高人。战国末年，老子学说与黄帝崇拜相结合而形成黄老之学，它标志着道家思潮发展到一个新的阶段。

轩辕黄帝像

黄老之学始于战国而盛行于西汉时期。它是借黄帝之名，宗老子之学，兼取儒、法、阴阳各家而建立起来的。从广义上讲，凡秦汉时期的道家思潮，皆可称为黄老之学；从狭义上讲，只有正式托名于黄帝、老子的学说，才是黄老之学。

黄老之学的经典是《黄帝书》和《老子》。《汉书·艺文志》记载的《黄帝书》有《黄帝四经》、《黄帝铭》和《黄帝君臣》。它们是战国时人假托黄帝所写的，内容与《老子》相近，但后来都失传了。1973 年长沙马王堆汉墓出土的帛书《经法》、《十六经》、《称》、《道原》四篇古佚书，是黄老学派的重要著作。书中思想属于道家，也兼采了部分法家和儒家的思想。

魏晋时期，玄学成为显学。玄学是以道学的典籍《老子》、《庄子》和《周易》（谓之“三玄”）为本，综合儒道而出现的一种崇尚老庄的哲学思想。

玄学衰落之后，道家思想仍是余绪未绝。从隋唐及其之后注释《老子》、《庄子》者的数量之众，可窥见一斑。

李贽像

不过，隋唐之后，道家的存在形式发生了变化。它主要是在道教的阵营中蓬勃发展。道教学者通过对于老庄思想的阐释和发挥来建立其宗教理论。于是，有了隋唐时期的道教重玄学和宋元明清时期的道教内丹心性学理论出现的局面。

道家的后期存在，还具体表现在以下几种方式：

第一，道家思想渗透在别家学术思想体系之中。如道家学说对宋明理学本体论的形成影响尤大。宋明时期的佛教力倡佛儒道三家合流，其中的道就是指道家和道教。

第二，从历代异端学者的思想言行之中，可看到道家批判精神的影子。如晋代鲍敬言之无君论；明代李贽之童心说，何心隐之育欲说，汤显祖之至情论；清代唐甄之破崇论，袁枚之性灵论等，都与所受道家思想的影响有关。

第三，历代文论和文学艺术作品在不同程度上受到道家的美学思想和思维方式的影响。中国的美学思想史、绘画史、文学史以及书法、雕塑、音乐等，都表现出一种强烈的道家精神。

第四，历代隐士或失意文人也援取道家思想，作为他们的精神支柱。如陶渊明的《桃花源记》，李白的《感兴》、《庐山遥寄卢侍御虚舟》，苏轼的《水调歌头》，等等，都受了道家思想的影响。

代表人物及思想

道家的理论奠定于老子，老子的《道德经》一书仅有五千言，但字字珠玑，书中广论道的人生智慧，提出一种有物混成且独立自存的自然宇宙起源论，也提出世界存在与运行原理是“反者道之动”的本体论思想。对于存活于其中的人类而言，其应学习的就是处世的智慧。老子也提出了众多的政治、社会与人生哲学观点，但重点都在保身而不在文明的开创，可以说他是以一套宗本于智慧之道的理论来应对混乱的世局，而无意制造社会的新气象，因为那些都不是大道的根本。

庄子是继老子之后道家理论最重要的开创者，道家哲学基本上也就是老庄二型而已。庄子的道家学不同于老学之处，在于庄子更详尽地处理了人与自然的关系、人的可开创能力，包括智慧、认识能力、身体能量等等。庄子同样站在天道自然的命题基础上，提出了从人的自我修养到面对整个社会国家的处世之道，《庄子》一书就是他从世界观到知识论到工夫论到社会哲学的内圣外王之道的理论。

庄子像

列子，战国时人。现存有的《列子》八篇，是东晋张湛所辑。一般认为该书反映了战国至魏晋间的思想。《列子》从道家思想出发，并对道家思想中无为的人生观有所改造，强调人在自然天地间的积极作用，认为人在一种不任强使力的生存状态下，不忧天，不畏天，才是最好的生存状态。

王弼，三国时代人。当两汉经学的发展已到尾声，社会政治一直在动乱与不义的情境中，知识分子转向玄学清谈的风气，王弼以其对老子哲学的深切体悟，注解老子《道德经》一书，重体用之分、有无之别。不但发展出诠

释老学的宗旨："贵无"的精神，并以此原理注解《易经》，甚至还因此改变了从汉易以来言象数易学的气化宇宙论，将易经的研究方向代之以纯粹玄学思想，使中国易学史走向一个崭新的局面。

对中国文化的影响

道家对中国文化的贡献是与儒家同等重要，只是在政治思想上一为表显一为裹藏之别而已。而道家在理论能力上的深厚度与辩证性，则为中国哲学思想中所有其他传统提供了创造力的泉源。至于道家文化在中国艺术、绘画、文学、雕刻等各方面的影响也是相当巨大的。当然，道家哲学对中国政治活动也提供了活络的空间，使得中国知识分子不会因为有太强的儒家本位的政治理想而执著于官场的追逐与性命的投入，而能更轻松地发现进退之道，理解出入之间的智慧。

法　家

法家是先秦诸子中对法律最为重视的一派。他们以主张"以法治国"的"法治"而闻名，而且提出了一整套的理论和方法。这为后来建立的中央集权的秦朝提供了有效的理论依据，后来的汉朝继承了秦朝的集权体制以及法律体制，这就是我国古代封建社会的政治与法制主体。法家在法理学方面做出了贡献，对于法律的起源、本质、作用以及法律同社会经济、时代要求、国家政权、伦理道德、风俗习惯、自然环境以及人口、人性的关系等基本的问题都做了探讨，而且卓有成效。

基本观点

法家极力夸大法律的作用，强调用重刑来治理国家，"以刑去刑"，而且是对轻罪实行重罚，迷信法律的作用。他们认为人的本性都是追求利益的，没有什么道德的标准可言，所以，就要用利益、荣誉来诱导人民去做。比如战争，如果立下战功就给予很高的赏赐，包括官职，这样来激励士兵与将领奋勇作战。这也许是秦国军队战斗力强大的原因之一，灭六国统一中国，法家的作用是显而易见的。

商鞅舌战图

商鞅、慎到、申不害三人分别提倡重法、重势、重术，各有特点。到了法家思想的集大成者韩非时，韩非提出了将三者紧密结合的思想。“法者，宪令著于官府，刑罚必于民心，赏存乎慎法，而罚加乎奸令者也，此臣之所师也。”“术者，因任而授官，循名而责实，操杀生之柄，课群臣之能者也，此人主之所执也。”“抱法处势则治，背法去势则乱。”法是指健全法制；势指的是君主的权势，要独掌军政大权；术指的是驾驭群臣、掌握政权、推行法令的策略和手段，主要是察觉、防止犯上作乱，维护君主地位。

在法家思想里，世界就是国家，国家就是帝王的国家，世界的太平就必须要靠帝王的权威统治与法律的普遍奉行，才能可大可远。这种强悍的世界观点，在理论预设方面，则有其承袭自道家对“道”的理性思考，认为自然界与人没有亲疏关系，只有其无意志的自然法则，而人也不能改变任何天道运行的规律，因此，试图以天道影响人事的一切作为都是迷信，都是应该被打倒的对象，只有靠人为自身的努力才有可能发展人类福祉。这种素朴的宇宙自然观为其重视现实的统治者之权威与利益的君主专制言论，打造了良好的理论基石。

由于法家对于人性的看法是承袭荀子的性恶论，并且从经验层面观察人性的生理需求和实际行为，主张人性普遍好利恶害，贪婪自私，完全不能期望以礼乐化之，只有依靠法治统治才能禁民为非。因此，帝王君主的角色，即在于善用其本身的权势与法术，治理国家；而百姓个人的生存发展与创造自由，只有在整体国家的利益考虑下，才谈得上真自由与真利益。

发展与传播

法家思想的传统早自春秋时代的管仲、子产已经发其端倪。“刑杀无赦”尊君重法的观点已多有论及，而以法治国的理论建构与实际政权的设计，到了战国时期的韩非，便臻于成熟阶段。而在秦帝国建立之以后，两千多年的

政治统治形态，在儒家大旗帜的摆荡下，国君以法治民统臣集众权于一身的传统从未消失过。然而，先秦时代的法家论者自来虽受有意富国强兵的国君极端赏识，相对于儒、墨两家而言，有更多施展理想抱负的机会，但是只要国君驾崩，这些法家人物即不免受害而惨死，实在是由于学说过分地刻薄寡恩，与当权贵族的利益严重冲突，因而有此结果。也正因为先秦时代的法家思想当中，缺乏对人性的正面肯定与价值创造的重视，是以日后法家的理论为求生存，不得不进行修正，在儒家尊君重民的口号中找到新的发展空间。

代表人物及思想

法家哲学以韩非子为集大成者。在韩非子之前，一般说来荀子的思想已经充满了法治的精神，荀子可以说是儒与法的过渡性人物。唯其说仍保留对人性得以礼乐教化而于品德上有自我超升的可能性，并且推尊周孔，尚贤贵民，因之不能严格称其为法家人物。

韩非子像

早期法家代表人物有李俚、吴起、商鞅、申不害、慎到。李俚根据当时各国法律编著的《法经》，成为中国最早的一部法典。吴起善用兵，重视明法审令与耕战之策，较李俚更进一步。商鞅在秦变法，强调并推广法律至上的观念，以重刑止罪及坚守平等原则。行之有年，秦国大治，奠定秦国未来一统天下的富强基础，并且建立了法的超越性及普遍性。申不害以综核名实与言术著称，认为这是君主御用群臣、谋求政绩的重要统治方法。而慎到是由道入法的关键人物，他的主要观点在因循与重势，也就是说明“因人之情，循人之欲”与君主统治权力赖以行使的威势在法治体系中的决定性地位。

韩非子，战国时韩国人，其著作《孤愤》、《五蠹》传到秦国，秦王政看罢大喜。韩非子集合前期法家的思想精华，将法、术、势集中于君主一身，在政治上主张强国弱民，在制度上主张尊今不法古，重赏罚，废诗书，以吏为师等等，表现出一种活生生的杀伐争夺的世界观。

对中国文化的影响

中国历史上，秦帝国的统一结束了战国分裂混乱的局面，使中国正式走上统一的君主专政时代，进入另一形态的历史阶段。而统一之所以可能，法家的贡献则不遑多言；至于后世历朝的政治制度的设计或是变法的作为，也莫不受到法家思想的指导。但是法家思想中否定价值的主张，提倡君权却无控制君权之方造成中国政治传统更易于走向人治的方向。

墨　家

墨家的创始人是墨子，它是在战国初期登上历史舞台的。这是一个有领袖、有学说、有组织的学派，他们有强烈的社会实践精神。墨者们吃苦耐劳、严于律己，把维护公理与道义看做是义不容辞的责任。墨者大多是有知识的劳动者。

基本观点

儒墨两家哲学堪称中国古代哲学思想的“显学”。与儒学不同的是，墨学思想同样是站在西周文化的传统中，却主张应从一般百姓的立场上谈“兴天下之利，除天下之害”的重要性及其方法。而这种兴利除害的理论预设即为其著名的“兼爱”思想，提出了“爱无差等”的理想命题。

墨子塑像

此外，墨学的开创者墨子是有神论者，认为天与鬼的智慧和权威远远超过古代圣王，是因为天是掌握正义、赏善罚恶、爱利百姓的最高主宰。可以说，墨家思想是以宗教代替一切道德与权威，展现的是理想的平民主义思想。

由于墨家思想的平民性格，其涉及理论的内容也就特别着重于大众化的福利取得与平民式的自我超升。不论是主张和平的兼爱、非攻或是“必顺乎天”的尊天、事鬼，其要点在于使人的能力的发展与一切行为能如实地遵循天的意志，而且在社会中的举事任职，也都有一定的标准。这不仅是形式上的要求，更是一种自我的反省与自觉。也正是这种对于标准的反省，于是格外重视逻辑性的思辨与理论验证的检查，因此，发展出相当严格的逻辑体系。

墨家哲学中的社会哲学主张是积极进取的，充满“舍我其谁”的态度。不但从理论上抒发国与国、家与家、人与人之间兼爱、非攻的思想，还透过实际行动亲身参与各种反战行动与建设事业。在知与行上完全奉行从百姓到天子“尚同于天”的原则，希望达到世界大同的理想。由于其站在平民角度上立论，讲究节俭刻苦，杜绝浪费，使其文化哲学理论呈现素朴保守之风。

发展与传播

墨家兴起与当时的社会背景是分不开的，春秋战国时代诸侯并起，群雄逐鹿。没有了强权，社会思想开化，墨家所代表的平民哲学登上舞台，成为与儒学并称的学派。墨子在与强权作斗争、阻止战争的过程中，建立了属于墨家自己的半军事化队伍，这是任何强权不能容忍的。墨子死后，各个诸侯利用墨家的军事队伍与军事技术来争霸，培养属于自己的墨家学派，于是墨家分裂。在秦始皇一统中国以后，对墨家、儒家等不属于法家的学派进行迫害，统一思想。由于时间短，秦朝灭亡以后，汉初实行无为而治，儒墨之徒又充满天下。到了汉武帝时期独尊儒术，墨家再次受到打击，道家无为基本上对统治阶层没有威胁，而有着半军事化队伍的墨家是不能被接受的，加上汉朝长达四百年的统治，墨家在以后逐渐消失。尽管后来也有墨家门徒，但没有成气候。中国社会进入了皇权社会。

代表人物及思想

墨家哲学代表人物即为墨子，其重要思想观点包括在下列内容之中：兼爱（人人平等互助互爱）、非攻（反对侵略战争）、尚同（上下一心为人民服务，为社会兴利除弊）、尚贤（不分贵贱唯才是举）、非命（通过努力奋斗掌握自己的命运)、非乐（摆脱划分等级的礼乐束缚，废除繁琐奢靡的编钟制造和演奏)、节用（节约以扩大生产)、节葬（不把社会财富浪费在死人身上)、尊天（掌握自然规律)、明鬼（尊重前人智慧和经验）等。充分反映出其素朴的自然宗教观，并把一切政治的、社会的、道德伦理的各方面思想完全以宗教性的面纱加以合理化。值得注意的是墨子的科学精神，他对科学哲学中的概念定义有所主张，对于科学方法的建立，科学教材的撰写与科学思想的传授也有所影响，使得中国科学研究和应用很早就展现了高度智慧。

墨子死后，后期墨家分裂成许多派别，而他们的共同点都是以《墨子》为研读与发展思想的主要依据。基本上成两派：一派是从自然科学、逻辑思辨的法则与认识论问题着手，主张人的认识能力是获得知识的工具，但必须透过感官与思维作用获得，而逻辑真伪的标准只有透过客观的自然世界或人类社会现状的验证才能取得。另外一派是发展墨子的宗教理念，他们试图在现实政治权力无法取得或予以保护的情况下，仍能奉行墨子平等兼爱的社会理想，因而发展成劫富济贫的游侠之路。

墨子的思想在战国时代十分盛行，门人弟子遍布天下，影响层面很大。墨子以其务实的入世理想，高越的人格情操，丰富的思想内容，完善的教材设计，形成了一个极其严密而充满宗教精神的团体，深深吸引了无数百姓与知识分子。也因为这个团体的切实践履态度，在参加各小国反战保卫的活动、协助农耕及军事防御建设等等方面显示出墨家势力的庞大。

对中国文化的影响

在战国时代唯一能与儒家抗衡的就是墨家学派。虽然墨学不像儒学发展的那般源远流长，但其有关政治学上所主张的贤人政治与中央集权，在社会学上所主张的兼爱反战与重节俭反奢华，在宗教思想上尊天重鬼与非命，在科学态度上讲究理性与实践，无一不在中国思想界和大众日常生活中造成实质性的影响。墨子精神在民间的发展是显而易见的，游侠的侠义作风与方士的炼丹，都受到墨子学说的启发。

外国哲学流派

自然哲学

所谓自然哲学，就是指人类思考我们所面对的自然界而形成的哲学思想。它包括自然界和人的关系、人造自然和原生自然的关系、自然界的最基本规律等。

在古代，哲学与科学的分界并不是很明显。这时候，不仅自然科学包含在自然哲学里面，而且通常自然科学与自然哲学并无区分。在古希腊有许多哲学家本身也是自然科学家。

被誉为“西方哲学之父”的泰勒斯（约公元前624年—公元前547年）业余喜欢研究数学、天文学，他提出了西方哲学的第一个命题：水是万物的本源。

毕达哥拉斯雕像

毕达哥拉斯是一位了不起的数学家，但他又是第一个自称为哲学家的人。他的一个著名哲学命题是：数是万物的起源。

赫拉克利特是第一位系统探讨万物的运动变化的古希腊哲学家，因此他提出了一个著名的哲学命题：我们不能两次踏进同一条河流。

德谟克利特（约公元前460年—公元前370年）在哲学、物理、数学、天文、军事、艺术等许多方面都有所建树，是古希腊杰出的全才。他认为，万物的本原是原子和虚空。原子是不可再分的物质微粒，虚空是原子运动的场所。人们的认识是从事物中流射出来的原子形成的“影像”作用于人们的感官与心灵而产生的。

自然哲学是现代自然科学的前身，其中有不少理论，至今仍发射出智慧的光芒，它对现代科学特别是物理学的影响是非常深远的。

伦理哲学

在苏格拉底以前，希腊的哲学主要研究宇宙的本源是什么，世界是由什么构成的等问题，后人称之为“自然哲学”。苏格拉底认为再研究这些问题对拯救国家没有什么现实意义。出于对国家和人民命运的关心，他转而研究人类本身，即研究人类的伦理问题。后人称苏格拉底的哲学为“伦理哲学”。他为哲学研究开创了一个新的领域，使哲学“从天上回到了人间”，在哲学史上具有伟大的意义。

苏格拉底没有著作，他的两位弟子色诺芬和柏拉图，都给他写过卷帙浩繁的记述，但两人的记述非常不同。现在关于苏格拉底的思想绝大多数是来自他的弟子柏拉图的《对话录》。《对话录》是以苏格拉底和别人的对话为内容展开的，但很难分清哪些思想是苏格拉底的，哪些是柏拉图的。

沉思中的苏格拉底

苏格拉底的哲学思想主要体现在以下几个方面。

灵魂不灭说：苏格拉底关于灵魂的学说，进一步使精神和物质的分化更加明朗起来。苏格拉底以前的哲学家，早已有灵魂不灭的说法，已经有唯心主义和唯物主义对立的萌芽。但在他以前的哲学家对于灵魂的看法还比较模糊，有的还将灵魂看成是最精细的物质。因而，唯心主义和唯物主义的界限还不明确。到苏格拉底才明确地将灵魂看成是与物质有本质不同的精神实体。在苏格拉底看来，事物

的产生与灭亡，不过是某种东西的聚合和分散。他将精神和物质这样明确对立起来，成为西方哲学史上唯心主义哲学的奠基人。

寻求事物的普遍定义：据亚里士多德记载，苏格拉底放弃了对自然世界的研究，想在伦理问题上求得普遍真理，开始为事物寻求定义。他反对智者们的相对主义，认为“意见”可以有各种各样，“真理”却只能有一个。苏格拉底所追求的，是要求认识“美自身”、“正义自身”，这是美和正义的普遍定义，是真正的知识。苏格拉底认为事物的最终原因是“善”，这就是事物的目的性。他以目的论代替了对事物因果关系的研究，为以后的唯心主义哲学开辟了道路。

助产术和揭露矛盾的辩证法：苏格拉底认为一切知识，均从疑难中产生，愈求进步疑难愈多，疑难愈多进步愈大。苏格拉底承认他自己本来没有知识，而他又要教授别人知识。这个矛盾，他是这样解决的：这些知识并不是由他灌输给人的，而是人们原来已经具有的；人们已在心上怀了“胎”，不过自己还不知道，苏格拉底像一个“助产婆”，帮助别人产生知识。苏格拉底的助产术，集中表现在他经常采用的“诘问式”的形式中，以提问的方式揭露对方提出的各种问题中的矛盾，使对方逐渐了解自己的无知，而发现自己的错误，建立正确的知识观念；在诘问中，苏格拉底自己并不给予正面的、积极的回答，因为他承认自己无知。苏格拉底的这种方法，在西方哲学史上，是最早的辩证法的形式。

伦理学说：苏格拉底建立了一种知识即道德的伦理思想体系，其中心是探讨人生的目的和善德。他强调人们应该认识社会生活的普遍法则和“认识自己”，认为人们在现实生活中获得的各种有益的或有害的目的和道德规范都是相对的，只有探求普遍的、绝对的善的概念，把握概念的真知识，才是人们最高的生活目的和至善的美德。苏格拉底认为，一个人要有道德就必须有道德的知识，一切不道德的行为都是无知的结果。人们只有摆脱物欲的诱惑和后天经验的局限，获得概念的知识，才会有智慧、勇敢、节制和正义等美德。

犬儒主义

犬儒主义是古希腊的一个哲学流派，创始人是苏格拉底的弟子安提西尼，代表人物是狄奥根尼。“犬儒”这个名词的由来有两种解释，一说安提西尼曾经在一个称为“快犬”的运动场演讲，一说该学派的人生活简朴，像狗一样地存在，被当时其他学派的人称为“犬”。

犬儒主义者主张清心寡欲，鄙弃俗世的荣华富贵，提倡回归自然。他们认为，人要摆脱世俗的利益而追求唯一值得拥有的善。他们相信，真正的幸福并不是建立在稍纵即逝的外部环境的优势。每个人都可以获得幸福，而且一旦拥有，就绝对不会再失去。人毋须担心自己的健康，也不必担心别人的痛苦。

据说狄奥根尼住在一个桶里，他像一个印度托钵僧那样地以行乞为生。他宣扬友爱，不仅仅是全人类之间的友爱，而且还有人与动物之间的友爱。据说马其顿国王亚历山大曾拜访过他，并问他想要什么恩赐。他回答说：“只要你别挡住我的阳光。”狄奥根尼是一个激烈的社会批评家。他立志要揭穿世间的一切伪善，热烈地追求真正的德行，追求从物欲之下解放出来的心灵自由。狄奥根尼确实愤世嫉俗，他曾经提着一个灯笼在城里游走，说：“我在找一个真正诚实的人。”

住在桶里的狄奥根尼

随着犬儒理念的流行，犬儒主义的内涵发生了微妙的根本变化。早期的犬儒主义者是根据自身的道德原则去蔑视世俗的观念；后期的犬儒主义者依旧蔑视世俗的观念，但是却丧失赖为准绳的道德原则。于是愤世嫉俗就变成了玩世不恭。

说来颇具讽刺意味，早期的犬儒是坚持内在的美德和价值，鄙视外在的世俗的功利。可是到后来，犬儒一词正好变成了它的反面：只认外在的世俗的功利，否认内在的德性与价值。到现代，“犬儒主义”这一词在西方则带有贬义，意指对人类真诚的不信任，对他人的痛苦无动于衷的态度和行为。

理性主义

理性主义，一般认为随着笛卡尔的理论而产生，17—18 世纪主要在欧洲得以传播。它是建立在承认人的推理可以作为知识来源的理论基础之上的一种哲学方法。它关注的是人类的知识来源以及证实我们所知的一种手段。同时代相对的另一种哲学方法被称为经验主义。

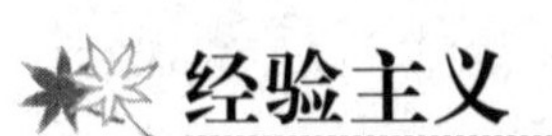

笛卡尔像

理性主义和经验主义的区别在当时并没有被哲学家予以区分，而是后代进行了区分。事实上，有时两者之间的区分并不像人们所说的那么显著。三位主要的理性主义者笛卡尔、斯宾诺莎和莱布尼茨都认同经验科学的重要性。

理性主义者认为，人类首先本能地掌握一些基本原则，如几何法则，随后可以依据这些推理出其余知识。笛卡尔的理论相对来说更接近柏拉图，他认为只有一些永恒真理（包括数学以及科学的认知及形而上学基础）可以单纯靠推理得到，其余的知识需要借助生活经验以及必要的科学手段。更准确地说笛卡尔是一位重视形而上学的理性主义者，是一位重视科学的经验主义者。

现在理性主义者表达了一种人类行为应该由理性所支配的观点，这种观点被理性主义者以及类似的经验主义者所普遍认同。

经验主义

经验主义诞生于古希腊，作为一个认识论的概念，“经验”一词主要指与理性认识相区别的一个认识阶段、认识形式，即感性认识。从恩培多克勒开始，经验主义学说渐渐兴起。

经验主义怀疑理性所依赖的先天印象，认为它们纯属想象出来的幻象，并力图表明，正是观察才引起了知识。针对理性主义者放弃感性经验的主张，经验主义者声称唯有观察和感觉是唯一有效的知识源泉；事实上，人的感觉经验能够发现和揭示真理。由此，便推动了经验主义研究感知系统。这也是心理学的开端。

洛克像

纵观经验主义的发展历史，基本上可以区分为两类学派：温和的经验主义与激进的经验主义。前者认为，所有的意识观念均来源于知觉，但同时也承认意识的机能（诸如记忆、想象和语言的官能）是内在的能力；后者则公开宣称不仅意念的内容，而且意念的整个过程都不可能存在内部能力，而只能是习得的。

自16世纪起，经验主义与理性主义的争论以一种温和的方式再次爆发。培根依据实验科学，强调感性经验在认识中的作用。同时，他并没有把人的认识局限在感性经验上，而是承认了理性认识的必要性。他认为只有把感性和理性结合起来，运用科学实验和客观分析，才能克服认识上的混乱，推动知识的进步。继培根之后，洛克竭力肯定了经验主义的原则。洛克在他的《人类理解论》一书中说：“我们的全部知识都是建立在经验上面的；知识归根到底都是导源于经验的。”作为经验主义集大成者，洛克完成了经验主义认识论的体系，从而与理性主义展开了长期的不屈不挠的对抗。

古典哲学

古典哲学是18世纪末至19世纪上半叶的德国资产阶级哲学。创始人为

黑格尔像

康德，黑格尔为集大成者，费尔巴哈为最后的代表。德国古典哲学的主要成就是黑格尔辩证法中的“合理内核”与费尔巴哈唯物主义的“基本内核”。

德国古典哲学是工业革命时期欧洲哲学舞台上的主角。它提出了包括认识论、本体论、伦理学、美学、法哲学、历史哲学以及政治哲学等领域的各种重大问题和范畴，标志着近代西方哲学向现代西方哲学的过渡。

它经历了从唯心主义到唯物主义两个发展阶段。康德建立了实质上是先验唯心主义的调和矛盾的哲学体系和不可知论。费希特从唯心主义立场上继承和批判了康德，建立了彻底的主观唯心主义哲学。谢林改造了费希特的主观唯心主义，建立了客观唯心主义的“同一哲学”。黑格尔是德国古典唯心主义的集大成者。他在批判继承前辈哲学家的基础上，创建了庞大的客观唯心主义体系。费尔巴哈从人本主义出发，批判了宗教神学和黑格尔的唯心主义，唯物主义解决了哲学的基本问题，建立了人本学唯物主义。

德国古典哲学的最大成就，是从世界观的高度用辩证法代替了形而上学。德国古典唯心主义哲学家反对把世界看作固定不变、没有矛盾的东西，而把它理解为具有矛盾发展的不断变化的运动过程，这就从根本上推翻了长期以来统治人们头脑的形而上学世界观。

德国古典哲学的巨大历史意义在于它为马克思主义的产生提供了理论前提，成为马克思主义的理论来源之一。德国古典哲学对以后资产阶级哲学思想的发展也有很大影响，但西方哲学家们完全不能正确地分辨德国古典哲学中的精华和糟粕。他们曲解或根本抛弃辩证法，着重发挥了德国古典哲学家们的唯心主义、不可知论以及一切神秘和保守的思想。

功利主义

功利主义是指以超阶级的功利作为人们行为标准的资产阶级哲学思想。由18世纪末英国哲学家、经济学家边沁创立。

边沁像

边沁的功利原理有两个出发点和前提：(1) 功利原理或最大幸福原理；(2) 自利选择原理。关于功利原理，边沁认为，人们一切行为的准则取决于是增进幸福抑或减少幸福的倾向。不仅私人行为受这一原理支配，政府的一切措施也要据此行事。按照边沁的看法，社会是由各个人构成的团体，其中每个人可以看做是组成社会的一分子。社会全体的幸福是由组成此社会的个人的幸福的总和。社会的幸福是以最大多数的最大幸福来衡量的。如果增加社会的利益即最大多数的最大幸福的倾向比减少的倾向大，这就适合于功利原理。边沁把功利原理应用于经济学，各种经济制度和经济政策恰当与否以功利原理作为权衡标准。

所谓自利选择原理，按边沁的说法是：什么是快乐、什么是痛苦，每个人自己知道最清楚，所以什么是幸福也是各个人所知道的。每个人在原则上是他自身幸福的最好判断者。同时，各个人追求一己的最大幸福，是具有理性的一切人的目的。在人类社会生活中，自利的选择占着支配地位。当人们进行各种活动的时候，凡是对自己的最大幸福能有最高的贡献，不管对自己以外的全体幸福会带来什么样的结果，他都会全力追求，这是人性的一种必然倾向。

边沁以所谓功利原理和自利选择原理为依据，在经济方面鼓吹自由放任主义。他认为，在经济活动中应以个人的活动自由为原则，国家应为之事，只限于保护个人活动的自由和保护私有财产的安全，除此之外，不应作任何

干涉。按照边沁的解释，在经济上实行自由放任，生产上将会得到最大量，分配上将会趋于平等，从而使幸福也达到最大量。如果安全与平等不能两立，就必须放弃平等，而维护私有财产的安全。

边沁的功利主义思想深深影响当时和以后英国及欧洲大陆上许多经济学家，对西方经济学研究曾产生过很大影响。

实用主义

实用主义是产生于19世纪70年代的现代哲学派别，在20世纪的美国成为一种主流思潮并且蔓延到欧洲大陆。创始人是皮尔士，将其推向大众的是詹姆士，而将这种哲学思想推广到更广领域的是杜威。

实用主义者忠于事实，但没有反对神学的观点，如果神学的某些观念证明对具体的生活确有价值，就承认它是真实的。将哲学从抽象的辩论上，降格到更个性主义的地方，但仍然可以保留宗教信仰。承认达尔文，又承认宗教，但不承认是二元论，既唯物，又唯心，认为自己是多元论的。

杜威像

实用主义的主要论点是：强调知识是控制现实的工具，现实是可以改变的；强调实际经验是最重要的，原则和推理是次要的；信仰和观念是否真实在于它们是否能带来实际效果；人对现实的解释，完全取决于现实对他的利益有什么效果。

在实用主义大旗下派生的分支有“人本主义”、“工具主义”、“逻辑经验主义”、“神奇学派”、“逻辑学派”等。意大利的墨索里尼将实用主义哲学家奉为良师，他声称从这些人的学说中发现了“行动的信心，生活和战斗的坚强意志，而法西斯的成功大部分得力于此”。

现在虽然已经不再是一种运动了，但仍然是一种非常有影响力的思想体系，它把哲学从一种人生观的思想体系降为一种研究问题和澄清信息的批判方法，把知识解释为一种评价过程，以科学探索的逻辑作为人们处世待物的行为准则。它对法律、政治、教育、社会、宗教和艺术的研究产生了很大的影响。

实证主义

实证主义的创始人是法国哲学家、社会学始祖孔德，主要代表人物有英国的密尔和斯宾塞。它产生的时间是 19 世纪 30—40 年代的法国和英国。它强调感觉经验，排斥形而上学传统的西方哲学派别。

实证主义的基本特征：将哲学的任务归结为现象研究，以现象论观点为出发点，拒绝通过理性把握感觉材料，认为通过对现象的归纳就可以得到科学定律。它把处理哲学与科学的关系作为其理论的中心问题，并力图将哲学融入科学之中。其中心论点是：事实必须是透过观察或感觉经验，去认识每个人身处的客观环境和外在事物。实证论者认为，虽然每个人接受的教育不同，但他们用来验证感觉经验的原则，并无太大差异。实证主义的目的在于希望建立知识的客观性。

实证主义不仅对哲学，而且对整个社会科学均产生了深刻影响，孔德所创立的实证主义社会学，在其后的一个半世纪是西方社会学的主流。

人本主义

人本主义，通常指人本学唯物主义，是一种把人生物化的形而上学唯物主义学说，以 19 世纪德国的费尔巴哈和俄国的车尔尼雪夫斯基为代表。费尔巴哈由于把庸俗唯物主义同一般的唯物主义混为一谈，避免采用甚至反对“唯物主义”这个术语，因而将自己的哲学称作“人本主义”。车尔尼雪夫斯基也将他的唯物主义学说称作“人本主义”，并把他的哲学著作命名为《哲学

费尔巴哈像

中的人本主义原理》。他们都反对把灵魂和肉体分割为两个独立的实体，反对把灵魂看作第一性的唯心主义观点。但他们所了解的人，只是生物学意义上的自然人，只是抽象的、一般的人，而不是社会的人。他们不是联系具体历史、联系社会实践来考察人，因而看不到人的社会性。

人本主义的五类起源：第一，在历史上人本主义是 14 世纪下半期发源于意大利并传播到欧洲其他国家的哲学和文学运动，它构成现代西方文化的一个要素。人本主义也指承认人的价值和尊严，把人看作万物的尺度，或以人性、人的有限性和人的利益为主题的任何哲学。第二，作为“主体哲学”或“意识哲学”的一派，胡塞尔现象学也可以被称为人本主义。他同康德一样以自我为出发点，力求为科学知识奠立基础。第三，来源于现象学的“哲学人类学”的舍勒的反形式主义价值哲学强调人格是道德行动的中心，似乎同人本主义一致。但人格主义并不令人成为善和恶的尺度。流行于美国的人格主义或精神主义通常也被叫做人本主义。第四，我们在萨特的存在主义哲学中找到了真正的、完全的人本主义。他的著作《有和无》是把现象学、存在哲学和人本主义冶于一炉的集中体现，是人本主义充分发展的表现。第五，德国哲学家狄尔泰及其后继者的方法论解释学强调社会、人文科学要求对人本或社会历史现象的理解，和自然科学采用一般规律来说明所研究现象显然不同。在整个哲学领域内，早期解释学可以说属于人本主义范畴，是同科学主义对立的。

意志主义

意志主义是现代西方人本主义哲学的开创性流派。叔本华 1819 年出版的

《作为意志和表象的世界》标志着意志主义哲学的产生，它流行于19世纪下半叶和20世纪初的德、法、英和北欧等国。主要代表人物是德国的叔本华和尼采。

叔本华像

叔本华的生存意志和悲观主义迎合德国资产阶级1848年革命失败后的悲观、懊恼情绪，为意志主义哲学奠定了理论基调；尼采的权力意志论和超人哲学反映了19世纪下半叶德国向帝国主义过渡时期资产阶级强暴、坚忍、狂妄的特征。

作为非理性主义思潮最初的理论形态，意志主义哲学的理论形态各有差异，但其基本观点大体一致，主要有以下几点：第一，把意志看作世界的本体和万物的根源，世界是意志的创造品。意志主义者把意志看作脱离物质世界而真实存在的精神性的东西，认为世界就是我的意志；同时把意志看作世界的本质，用意志去解释自然、社会和人类精神的各种现象的存在和变化。第二，把意志看作理性的主宰，贬低理性的作用，贬低逻辑和科学的价值。认为意志是人的实体，是人的真实本质，是认识的主体和客体；宣称意志支配理性，理性屈从意志，理性是意志的工具；只有本能和直觉才把握实在。第三，叔本华极力宣扬悲观主义的人生哲学，否定人生的意义；他认为由于人的欲壑难填，所以人生充满痛苦，人生不过是一场悲剧。第四，尼采提出重估人类一切价值，主张“超人”主宰世界、决定历史发展。

总之，意志主义的产生，标志着资产阶级哲学从理性主义转向非理性主义，从乐观主义转向悲观主义，从道德主义转向非道德主义，从以上帝为中心转向以个人为中心。

生命哲学

生命哲学是一种试图用生命的发生和发展来解释宇宙，甚至解释知识或经验基础的唯心主义思潮。19 世纪末至 20 世纪初流行于德、法等国。它是在叔本华的生存意志论、尼采的权力意志论、达尔文的生物进化论和斯宾塞的生命进化学说等的影响下形成的。

柏格森像

德国哲学家狄尔泰最早用“生命哲学”一词来表示他的哲学，主张精神生活哲学的德国哲学家奥伊肯也是这种思潮的主要代表人物。新康德主义者如文德尔班、李凯尔特等人，严格区分了自然科学与价值论（或文化哲学、精神科学），也对生命哲学的发展给予有力的推动。20 世纪初，德国杜里舒的生机主义，法国柏格森的创化论，则试图从生命的进化或生物学的立场，为生命哲学建立自然科学的基础。

生命哲学是对 19 世纪中期的黑格尔主义和自然主义或唯物主义的一种反抗。生命哲学家不满意黑格尔所主张的严酷的理性，不满意自然主义或唯物主义所依据的因果决定论，认为这些思想是对个性、人格和自由的否定。他们要从“生命”出发去讲宇宙人生，用意志、情感和所谓“实践”或“活动”充实理性的作用。他们声明自己并不反对自然科学和理性，只说这些经验或知识不完全，必须提高意志、情感的地位，才能穷尽“生命”的本质。但他们夸大生命现象的意义，把生命解释为某种神秘的心理体验，从而使这种观点带有浓厚的主观唯心主义特色。

生命哲学的核心思想是“竞争”，即进化论描述的“自然选择”和“优胜劣汰”。竞争是生命的发生和发展动力。从一个精子挑战亿万个情敌，拼死夺得与卵子结合的机会而诞生生命，到物种建立自己的势力和家族而繁衍后代的现象；从一个种群以其优势存活，到遍布世界，到因其劣势而灭亡的发展过程——这些生命科学现象，是生命哲学依赖的科学基础。

生命哲学的“竞争论”归纳为：生命以其竞争优势得以存在，生命的发生和发展是一个竞争过程。其在人文水平上升华为：人类社会在生产力优势作用下得到演进，其发展过程是一个斗争和变革的过程——这与历史唯物主义观不谋而合。其在天文学水平上可表述为：宇宙体系有始有终，星体和星系的存在与发展是一个交流和争夺宇宙物质的过程。

唯物主义的生命哲学是一门讲述生命和生命体系（如人类社会、宇宙星系）发生发展过程的哲学，生命以其优势在竞争中存在和繁衍，提醒人们通过不断提升自身和集体的优势在竞争中取得成功，改造生活改造世界。

同时，生命哲学解释了大自然对人类的“讨伐”：人类在自己造就的环境中失去了生存优势，变得不适应，而在“优胜劣汰”中存在灭绝的危机。显然，人类也是生物，人类要在生物适宜的环境中才有生存优势。保护地球生态环境，也是保护我们自己。

由于科学技术的发展，从基因水平更得以看透生命的本质，充实生命哲学观。生命竞争优势源于基因，基因的表达和遗传造就了生命个体的竞争本性。对于生命而言，竞争终归是不可避免的。缺少竞争优势的个体将被其他个体所挤压排斥，缺少竞争优势的种群也将被优势种群吞灭。竞争性在对于人类种群来说存在两个极端：个体欲望与集体道德，两者源于基因，在自然环境下均不可排除。欲望与道德的竞争是人类社会永恒的话题。

生命哲学，总结的是生命发生和发展的一般规律，其教导人们认识环境的“残酷”而通过改进自身去适应和改造世界，是理性而客观的唯物主义哲学。

存在主义

存在主义，最早是由法国的马塞尔提出的。存在主义是一个很广泛的哲

学流派，主要包括有神论的存在主义、无神论的存在主义和存在主义的马克思主义三大类。代表人物有克尔凯郭尔、萨特、加缪、波伏瓦等。存在主义在二战后（约 1945 年—1955 年），成为西方思想界的主流学说，其后则逐渐冷淡，但它对后现代主义等思潮的影响还在持续。

存在主义以人为中心、尊重人的个性和自由，认为人是在无意义的宇宙中生活，人的存在本身也没有意义，但人可以在存在的基础上自我造就，活得精彩。

萨特像

“存在先于本质”的命题首见于萨特所著的《存在与虚无》。他的意思是说，除了人的生存之外没有天经地义的道德或体外的灵魂。道德和灵魂都是人在生存中创造出来的。人没有义务遵守某个道德标准或宗教信仰，却有选择的自由。评价一个人，要评价他的所作所为，而不是评价他是个什么人物，因为一个人是由他的行动来定义的。

在萨特看来，他人乃是一个存在的客体，这种客体不同于物，他不但存在着，而且还对“我”构成了威胁。在他的“目光下”，他可能把“我”变成物。在这种情况下，一个人要从他人的目光或他人的地狱中解脱出来，只能有两种途径：或者心甘情愿地做别人的物，或者使他人做自己的物，去操纵他人。所以又诞生了另一个重要哲学命题：他人即地狱。

存在主义对人的生存的孤独性、虚无性及不确定性的强调，从批判现代性、解构主体性、颠覆客观性等方面，为后现代主义的产生提供了理论来源。

哲人的人生世界

道家鼻祖老子

老子，名李耳（约公元前580年—公元前500年之后），字伯阳，又称老聃。楚国苦县（今河南鹿邑）人。据传曾在周朝做过管理图书的史官，智慧冠绝古今，是我国古代伟大的哲学家和思想家。

老子所著《道德经》一书，寥寥五千字，却含有丰富的辩证法思想，老子哲学与古希腊哲学一起构成了人类哲学的两个源头，老子也因其深邃的哲学思想而被尊为“中国哲学之父”。老子的思想被庄子所传承，并与儒家和后来的佛家思想一起构成了中国传统思想文化的内核。道教出现后，老子被尊为“太上老君”；从《列仙传》开始，老子就被尊为神仙。《道德经》的国外版本有一千多种，是被翻译语言最多的中国书。

老子的思想主张是“无为”，他的理想政治境界是“邻国相望，鸡犬之声相闻，民至老死不相往来”。《老子》以“道”解释宇宙万物的演变，“道”为客观自然规律，同时又具有“独立不改，周行而不殆”的永恒意义。《老子》书中包含大量朴素辩证法观点。

启迪人生的经历

老子出关

周敬王四年（公元前516年），周王室发生内乱，王子朝率兵攻下刘公之邑，周敬王受迫。当时晋国强盛，出兵救援周敬王。王子朝势孤，与旧僚携周王室典籍逃亡楚国。老聃蒙受失职之责，受牵连而辞职。于是离宫归隐，骑一青牛，欲出函谷关，西游秦国。

离开周王朝洛邑不远，但见四野一片荒凉。断垣颓壁，井栏摧折，阡陌

老子过关图

错断，田园荒芜，枯草瑟瑟。田野里不见耕种之马，大道上却战马奔驰不息，有的马还拖着大肚子艰难地尾追其后。目睹此景，老聃心如刀绞，内心想道："夫兵者，不祥之器也……大兵之后，必有凶年。"

话说函谷关守关官员关尹，少时即好观天文、爱读古籍，修养深厚。一日夜晚，独立楼观之上凝视星空，忽见东方紫云聚集，其长三万里，形如飞龙，由东向西滚滚而来，自语道："紫气东来三万里，圣人西行经此地。青牛缓缓载老翁，藏形匿迹混元气。"关尹早闻老聃大名，心想莫非是老子将来？于是派人清扫道路四十里，夹道焚香，以迎圣人。

七月十二日午后，夕阳西斜，光华东射。关尹正欲下关查看，忽见关下稀落行人中有一老者，倒骑青牛而来。老者白发如雪，其眉垂鬓，其耳垂肩，其须垂膝，红颜素袍，简朴洁净。关尹仰天而叹道："我生有幸，得见圣人！"三步并作两步，奔上前去，跪于青牛前拜道："关尹叩见圣人！"

老子见叩拜之人方脸、厚唇、浓眉、端鼻，威严而不冷酷，柔慈而无媚态，早知非一般常人，故意试探道："关令大人叩拜贫贱老翁，非常之礼也！老夫不敢承当，不知有何见教？"关尹道："老丈，圣人也！务求留宿关舍以指修行之途。"老子道："老夫有何神圣之处，受你如此厚爱？惭愧惭愧，羞杀老夫矣？"关尹道："关尹不才，好观天文略知变化。见紫气东来，知有圣人西行，见紫气浩荡，滚滚如龙，其长三万里，知来者至圣至尊，非通常之圣也；见紫气之首白云缭绕，知圣人白发，是老翁之状；见紫气之前有青牛星相牵，知圣人乘青牛而来也。"

老子听罢，哈哈大笑："过奖、过奖！老夫亦早闻你大名，特来拜会。"关尹闻言大喜，叩头不迭。之后，关尹引老子至官舍，请老子上坐，焚香而行弟子之礼，恳求道："先生乃当今大圣人也！圣人者，不以一己之智窃为己有，必以天下人智为己任也。今先生将隐居，求教者必难寻矣！先生何不将圣智著为书？关尹虽浅陋，愿代先生传于后世，流芳千古，造福万代。"

老聃允诺，以王朝兴衰成败、百姓安危祸福为鉴，溯其源，著上、下两篇，共五千言。上篇起首为"道可道，非常道；名可名，非常名"，故人称《道经》。下篇起首为"上德不德，是以有德；下德不失德，是以无德"，故人称为《德经》，合称《道德经》。《道经》言宇宙本根，含天地变化之机，蕴阴阳变幻之妙；下篇《德经》，言处世之方，含人事进退之术，蕴长生久视之道。关尹得之，如获至宝。

他对老子说："读了先生的著作啊，我再也不想当这个边境官了，我要跟您一起出走了。"老子莞尔一笑，同意了。于是关令尹跟着老子出关了，后来还有人看到他们两人一起在西域流沙那儿呢，而且都活了好长好长的岁数！

"万世师表" 孔子

孔子（公元前 551—公元前 479 年），名丘，字仲尼，春秋时期鲁国人，儒家学派创始人。孔子的言行思想主要载于语录体散文集《论语》。

鲁定公九年，51 岁的孔子被任命为中都宰。孔子治理中都一年，卓有政绩，被升为小司空，不久又升为大司寇，摄相事，鲁国大治。鲁定公十二年，孔子为削弱三桓（季孙氏、叔孙氏、孟孙氏三家世卿，因为是鲁桓公的三个孙子故称三桓，当时的鲁国政权实际掌握在他们手中，而三桓的一些家臣又在不同程度上控制着三桓），采取了堕三都的措施（即拆毁三桓所建城堡）。后来堕三都的行动半途而废，孔子与三桓的矛盾也随之暴露。鲁定公十三年，齐国送 80 名美女到鲁国，季桓氏接受了美女，君臣迷恋歌舞，多日不理朝政。孔子非常失望，不久鲁国举行郊祭，祭祀后按惯例送祭肉给大夫们时并没有送给孔子，这表明季氏不想再任用他了。孔子在不得已的情况下离开鲁国，到外国去寻找出路，开始了周游列国的旅程，在周游列国处处碰壁后回到故里著书授徒，培养出七十二贤人。

孔子对后世影响深远，虽说他"述而不作"，但他在世时已被誉为"天纵之圣"、"天之木铎"、"千古圣人"，是当时社会上最博学者之一。后世并尊

孔子授课图

称他为“至圣”、“万世师表”，他曾修《诗》、《书》，定《礼》、《乐》，序《周易》，作《春秋》。《论语》是儒家学派的经典著作之一，由孔子的弟子及其再传弟子编撰而成。它以语录体和对话文体为主，记录了孔子及其弟子言行，集中体现了孔子的政治主张、伦理思想、道德观念及教育原则等。与《大学》、《中庸》、《孟子》并称“四书”。通行本《论语》共二十篇。《论语》的语言简洁精炼，含义深刻，其中有许多言论至今仍被世人视为至理。

美国诗人、哲学家爱默生认为：“孔子是全世界各民族的光荣。”1988年，75位诺贝尔奖的获得者在巴黎发表联合宣言，呼吁全世界：“21世纪人类要生存，就必须汲取两千年前孔子的智慧。”

启迪人生的经历

匹夫不可夺志

孔子姐弟共有11人，但并非都是一母所生。孔子的父亲叔梁纥第一个夫人姓施，一共替孔子的父亲生了9个千金，硬是没有生一个替孔家传宗接代的。在当时的社会，这是叔梁纥老先生无论如何都接受不了的事情。为了孔家香火不绝，叔梁纥又讨了个老婆。谢天谢地，总算生了个儿子，取名伯尼。但伯尼下肢有残，叔梁纥先生虽属贵族中的最下等，毕竟在乡里还算是个体面的人物，怎能让一个跛子传宗接代？想要生一个像样的儿子来延续孔家香火，便成了叔梁纥的一块心病。由于多年应召在外征战，来不及顾及这头等大事，而凯旋归来时，叔梁纥已是63岁的老人。大概叔老先生是下定了决心，没有一个像样的儿子死不甘心！于是征战回来不久，又急急忙忙四处求婚。66岁，终于与颜家三小姐颜徵再结婚。当时颜家三小姐正处在十七八岁的芳龄，生命力最旺盛之时。

皇天不负苦心人！婚后不久，颜夫人怀孕。公元前551年夏历八月二十七，叔梁纥望儿心切，带着颜夫人一路风尘赶往尼丘山。祈求老天保佑，让他们生一儿子以遂那不死之心。大概是神仙显灵，刚祈祷完毕，颜夫人便感到分娩在即。于是赶到一山洞休息，孔子就在这个山洞里出生。孔子刚生下，也并不漂亮，头顶四周凸出，中部凹陷，形状极像他出生所在地尼丘山。孔子名丘，便因此得来。

尼丘山的夫子洞

在那时，人们认为年过64结婚就是不正常的婚姻，并且不合礼仪。孔子父亲年近古稀，而妈妈则在妙龄，世人对这桩婚事颇有指责。令孔子更难堪的是，人们背后常议论他属“野合而生”，并非正出。

叔梁纥健在的时候，孔子可能当了几天宠儿。但好景不长，孔子3岁时，叔梁纥先生就去世了。孔子很快由宠儿变为小妾养的贱种。叔老先生尸骨未寒，年轻的寡妇颜氏与幼小的孔子便成了孔家多余的人。母子二人在孔家没有了立足之地。后来，颜夫人只得带着孔子到娘家安身，母子自此处于的尴尬处境可想而知。而孔母在30岁时便离开了人世，这样一来孔子的生活就更艰难了，作为“私生子”他还常常被人嘲笑。

人生起步时刻的挫折，很容易改变人的生活航向，影响人的一生。它会使人从此消沉，一蹶不振；它也会使人变得更加坚毅，更加激发拼搏精神。

孔子属于后者。面对侮慢，他默默地忍受下来。“君子坦荡荡，小人长戚戚。”孔子自己慰勉自己。一个要成就一番事业的人，首先应该有宽广的胸怀，绝对不能被个人一时的恩怨得失所累。个人不幸的遭遇往往是社会不幸的反映。孔子由个人的不幸看到社会的不幸。他冷静地思考着社会、人生。

回想周公、文武时代，“礼乐征伐自天子出”，王命一出，不容违犯。整个社会秩序井然。那样的社会不会有越礼行为，也不会发生欺贫溺弱的事情。如今是人心不古，礼崩乐坏。周天子徒具虚名，君不君，臣不臣。诸侯向天子称主，楚庄王问周鼎轻重，意欲取代周室；诸侯国内，卿大夫也在闹独立。不是吗？鲁国三桓大夫各自占据自己的封地，不向鲁君称臣；大夫的家臣也伺机与大夫抗衡。真是“世卿掌权柄，陪臣执国命”。

孔子对这个社会有不满，但他并不抱怨这个社会制度本身。相反，他认为，当时社会礼崩乐坏、小人当道等现象存在，恰恰是没有完善这个社会制度所造成的。他要把改造社会改造人作为己任。不能以个人荣辱为荣辱，不能以个人贵贱为贵贱。

任何社会，一个人要想有所作为，必须具备那个社会所承认的本领。在孔子那个时代，要想改造社会，就必须参与贵族政治，取得一定地位。而要想有一定政治地位，不熟悉当时的礼乐，不掌握骑射技术，不学会计算和书写本领，也是根本达不到的。于是他发奋学习，努力实践，终成中国甚至世界的“万世师表”。

孔子求教于老子

公元前538年的一天，孔子对弟子南宫敬叔说：“周之守藏室史老聃，博古通今，知礼乐之源，明道德之要。今吾欲去周求教，汝愿同去否?”南宫敬叔欣然同意，随即报请鲁君。鲁君准行，遣一车二马一童一御，由南宫敬叔陪孔子前往。

老子见孔子千里迢迢而来，非常高兴，教授之后，又引孔子访大夫苌弘。苌弘善乐，授孔子乐律、乐理；引孔子观祭神之典，考宣教之地，察庙会礼仪，使孔子感叹不已，获益不浅。逗留数日，孔子向老子辞行。老聃送至馆舍之外，赠言道：“吾闻之，富贵者送人以财，仁义者送人以言。吾不富不贵，无财以送汝；愿以数言相送。当今之世，聪明而深察者，其所以遇难而几至于死，在于好讥人之非也；善辩而通达者，其所以招祸而屡至于身，在于好扬人之恶也。为人之子，勿以己为高；为人之臣，勿以己为上，望汝切记。”孔子顿首道：“弟子一定谨记在心!”

行至黄河之滨，见河水滔滔，浊浪翻滚，其势如万马奔腾，其声如虎吼雷鸣。孔子伫立岸边，不觉叹曰：“逝者如斯夫，不舍昼夜！黄河之水奔腾不息，人之年华流逝不止，河水不知何处去，人生不知何处归?”闻孔子此语，老子道：“人生天地之间，乃与天地一体也。天地，自然之物也；人生，亦自然之物；人有幼、少、壮、老之变化，犹如天地有春、夏、秋、冬之交替，有何悲乎？生于自然，死于自然，任其自然，则本性不乱；不任自然，奔忙于仁义之间，则本性羁绊。功名存于心，则焦虑之情生；利欲留于心，则烦恼之情增。”孔子解释道：“吾乃忧大道不行，仁义不施，战乱不止，国乱不治也。故有人生短暂，不能有功于世、不能有为于民之感叹矣！”

老子道：“天地无人推而自行，日月无人燃而自明，星辰无人列而自序，禽兽无人造而自生，此乃自然为之也，何劳人为乎？人之所以生、所以无、所以荣、所以辱，皆有自然之理、自然之道也。顺自然之理而趋，遵自然之道而行，国则自治，人则自正，何须津津于礼乐而倡仁义哉？津津于礼乐而倡仁义，则违人之本性远矣！犹如人击鼓寻求逃跑之人，击之愈响，则人逃跑得愈远矣！”

孔子见老子

稍停片刻，老子手指浩浩黄河，对孔子说：“汝何不学水之大德欤？”孔子曰：“水有何德？”老子说：“上善若水，水善利万物而不争，处众人之所恶，此乃谦下之德也；故江海所以能为百谷王者，以其善下之王。天下莫柔弱于水，而攻坚强者莫之能胜，此乃柔德也；故柔之胜刚，弱之胜强坚。因其无有，故能入于无间，由此可知不言之教、无为之益也。”

孔子闻言，恍然大悟道：“先生此言，使我顿开茅塞也：众人处上，水独处下；众人处易，水独处险；众人处洁，水独处秽。所处尽人之所恶，夫谁与之争乎？此所以为上善也。”老子点头说：“汝可教也！汝可切记：与世无争，则天下无人能与之争，此乃效法水德也。”孔子道：“先生之言，出自肺腑而入弟子之心脾，弟子受益匪浅，终生难忘。弟子将遵奉不怠，以谢先生之恩。”孔子说完，告别老子，与南宫敬叔上车，依依不舍地向鲁国驶去。

回到鲁国，众弟子问道：“先生拜访老子，可得见乎？”孔子道：“见之！”弟子问。“老子何样？”孔子道：“鸟，我知它能飞；鱼，吾知它能游；兽，我知它能走。走者可用网缚之，游者可用钩钓之，飞者可用箭取之，至于龙，吾不知怎么办？龙乘风云而上九天也！吾所见老子也，就像龙一样啊！

他学识渊深而莫测，志趣高邈而难知；如蛇之随时屈伸，如龙之应时变化。老聃，真吾师也！”

“布衣之士” 墨子

墨子（约公元前468年—公元前376年），名翟，鲁国人。墨子是我国战国时期著名的思想家、教育家、军事家，墨家学派的创始人。著有《墨子》一书，主要内容有兼爱、非攻、尚贤、尚同、节用、节葬、非乐、天志、明鬼、非命等十项，以兼爱为核心，以节用、尚贤为支点。墨学在当时影响很大，与儒家并称“显学”。墨子死后，墨家分为相里氏之墨、相夫氏之墨、邓陵氏之墨三个学派。

墨子像

墨子精通手工技艺，可与当时的巧匠鲁班相比。他自称是“鄙人”，被人称为“布衣之士”。墨子曾做过宋国大夫，自诩说“上无君上之事，下无耕农之难”，是一个同情“农与工肆之人”的士人。墨子曾经师从儒者，学习孔子之术，称道尧舜大禹，学习《诗》、《书》、《春秋》等儒家典籍。但后来逐渐对儒家繁琐礼乐感到厌烦，最终舍弃了儒学并走到其对立面，形成自己的墨家学派。墨家是一个宣扬仁政的学派。在代表新型地主阶级利益的法家崛起以前，墨家是先秦和儒家相对立的最大一个学派，并列“显学”。

墨子一生的活动主要在两方面：一是广收弟子，积极宣传自己的学说；二是不遗余力的反对兼并战争。

墨家是一个有着严密组织和严密纪律的团体，最高领袖被称为“巨子”，墨家的成员都称为“墨者”，必须服从巨子的指导，听从指挥，可以“赴汤蹈火，死不旋踵”，意思是说至死也不旋转脚跟后退。

启迪人生的经历

墨子救宋

鲁国的工匠公输般，为楚国制造了一种云梯，这种武器又高又大，用于攻打敌国的城墙，在当时可以说是战略性武器。云梯造成后，楚国就准备攻打宋国了，以便检验这种新式武器的效用。

墨子听到这个消息后，希望能够阻止这场战争。他走了十天十夜，赶到楚国国都，见到公输般时，他说："北方有一个人欺侮我，我希望借你的力量杀死他。"公输般听了很不高兴，也没有任何表示。墨子接着说："我可以给你很多钱，作为你杀人的报酬。"公输般回答说："我讲道义，不会因为报酬去杀人。"墨子说："楚国是大国，人口不多但土地辽阔，可是它却准备攻打弱小的宋国，这是非正义战争，你口头上说讲道义不杀人，可是一旦发生战争，有多少无辜的平民会因为你的新式武器而死去，这跟你亲手杀人有什么区别呢？"

墨子演机

公输般被问得哑口无言，推诿说攻打宋国的计划是楚王的决定，于是墨子请公输般带他去见楚王。见到楚王，墨子说："我想请教大王一个问题。"楚王问他是什么问题。墨子说："现在有人放着自己漂亮的车子不要，却想偷邻居的破车，舍弃自己的漂亮华贵衣服不要，却想偷邻居的破旧衣服，这是怎样一种人啊？"楚王笑着说："这人肯定是有偷窃的毛病。"墨子抓住时机，说："楚国有广阔的土地，而宋国只是一个小小的国家，这就如同一辆漂亮的车与一辆破车的对比；楚国物产丰富，而宋国物产贫乏，这如同华贵衣服和破旧衣服的对比，所以我认为楚国攻打宋国，跟那个犯了偷窃病的人正是一类人。"

楚王一下子不知如何回答才好，蛮横地说："你说得好，但是公输般已经为我造好了云梯，我是一定要攻打宋国的。"墨子不慌不忙地说："云梯并没

有想象的那样厉害，不信我可以与公输般模拟作战。”楚王于是为他们准备了道具，包括城墙，守城的器械，云梯及其他攻城的兵器。公输般模拟攻打宋国的城墙，结果任由他多次改变攻城的战术，都被墨子抵挡住了，公输般攻城的方法用尽了，墨子守城的方法还有的没派上用场。

公输般不甘心失败，对墨子说：“我知道怎么来对付你，我不说。”墨子也说：“我也知道如何对付你，我也不说。”楚王问墨子其中的原因，墨子说：“公输般的意图，不过是杀了我。他以为杀了我，宋国就没有人来防守楚国的攻打了。可是，我已经把我的方法教给了我的徒弟，即使你们杀了我，也不能攻入宋国的城门！”楚王见大势已去，只好说：“我决定不攻打宋国了。”

“亚圣” 孟子

孟子（公元前 372 年—公元前 289 年）。战国时期鲁国人（今山东邹城人），名轲，字子舆。年少时受业于孔子之孙子思。孟子是中国古代著名思想家、教育家，战国时期儒家代表人物。著有《孟子》一书。

孟子是儒家最重要的代表人物之一，但孟子的地位在宋代以前并不很高。自中唐的韩愈著《原道》，把孟子列为先秦儒家中唯一继承孔子“道统”的人物开始，出现了一个孟子的“升格运动”，孟子其人其书的地位逐渐上升。宋神宗熙宁四年（公元 1071 年），《孟子》一书首次被列入科举考试科目之中。元丰六年（公元 1083 年），孟子首次被官方追封为“邹国公”，翌年被批准配享孔庙。以后《孟子》一书升格为儒家经典，南宋朱熹又把《孟子》与《论语》、《大学》、《中庸》合为“四书”，其实际地位更在“五经”之上。元朝至顺元年（公元 1330 年），孟子被加封为“亚圣公”，以后就称为“亚圣”，地位仅次于孔子。

启迪人生的经历

孟母三迁

孟子小时候，父亲早早地死去了，母亲守节没有改嫁。当时他和母亲住在离墓地不远的地方。孟子和邻居的小伙伴们玩起办理丧事的游戏，学着大人跪拜、哭叫。

孟母带子迁家图

孟母看到了，皱起了眉头，心里想：不行！我不能让我的孩子住在这里了！于是孟母毅然带着孟子搬到市集旁边去住。

到了市集，孟子又和邻居的小孩学着商人做生意。一会儿鞠躬欢迎客人，一会儿招待客人，一会儿和客人讨价还价，表演得像极了！孟母知道了，又皱皱眉头：这个地方也不适合我的孩子居住！于是，他们又搬家了。

这一次，他们搬到了学校附近。孟子开始变得守规矩、懂礼貌、喜欢读书。这时候，孟母很满意地点着头说："这才是我儿子应该住的地方呀！"

孟母断机

孟子小时候，有一天放学回家，他的母亲正在织布，见他回来丢了书包就要出去玩，便问道："学习怎么样了？"孟子漫不经心地回答说："跟过去一样。不好也不坏。"孟母见他无所谓的样子，十分难过，就用剪刀把织好的布剪断。孟子见状惊惧不已，就问母亲："为什么要这样做？"孟母说："你荒废学业，如同我剪断这布一样。有德行的人学习是为了树立德行，增长知识。这样他们平时就能平安无事，做起事来就可以避开祸害。如果现在荒废了学业，就不免于做下贱的劳役，而且难于避免祸患。"孟子听后大悟，自此，从早到晚勤学不止，把子思奉为老师，最终成为天下有名的大思想家。

孟母教子塑像

任性逍遥的庄子

庄子（约公元前369年—公元前286年），名周，后世称之为“南华真人”，战国时宋国蒙（今安徽省蒙城县，又说今河南省商丘县）人。老子哲学思想的继承者和发展者，后世将他与老子并称为“老庄”。

庄周梦蝶

庄子生活在战国时期，与梁惠王、齐宣王同时，曾做过漆园小吏，生活很穷困，却不接受楚威王的重金聘请，在道德上是一位非常廉洁、正直，有相当棱角和锋芒的人。他一生淡泊名利，主张修身养性、清静无为，在他的内心深处则充满着对当时世态的悲愤与绝望。从他哲学有着退隐、不争、率性的表象上，可以看出庄子是一个对现实世界有着强烈爱恨的人。

庄子是主张精神上的逍遥自在的，所以在形体上，他也试图达到一种不需要依赖外力而能成就的一种逍遥自在境界；庄子提倡护养生命的主宰亦即人的精神要顺从自然的法则，要安时而处顺；庄子重视内在德性的修养，认为德性充足，生命自然流注出一种自足的精神的力量。

启迪人生的经历

相位如死鼠

庄子的好朋友惠施被封为魏国的宰相后，庄子很为自己的朋友高兴，启程去拜访惠施。

庄子到了魏国没有立即去拜访惠施，他的行动传到一些小人那里，他们便到施惠跟前歪曲庄子的来意，从中挑拨说，庄子此番进京拜访，来者不善，意在谋取相位。惠施一听，心里十分恐慌，害怕丧失官位，于是下令搜捕庄子。为了抓到他，整整在国都搜查了三天三夜。

惠施的举动被庄子知道了，庄子索性主动登门求见。惠施见庄子竟敢自投罗网，吃惊不已。庄子也不向惠施多解释，只是坐下来讲了一个故事：

在南方有一种神鸟，与凤凰同类，名叫鹓鸰（音冤除），它从南海出发飞往北海，在途中，若不见高高的梧桐树，绝不栖息；不是翠竹与珍稀的果实，绝不食用；不遇甘甜的泉水，绝不畅饮。

庄子与惠施

神鸟一路飞翔，它在天空看见地面上有只猫头鹰，正在啄食一只腐烂的死鼠。猫头鹰饥不择食，它在看见头顶上的神鸟后，以为是来抢食死鼠的，于是紧张起来，羽毛竖起，怒目而视，作出决一死战的架势。它见神鸟仍在头顶飞翔，便对着它声嘶力竭地发出吓人的喝叫！

庄子把猫头鹰遇到神鸟的故事讲完后，坦然地走到惠施面前，笑着问他："今天，您获取了魏国相位，看见我来了，是不是也要对我恫吓一番呢？"说完，庄子放声大笑，拂袖而去。

庄子不乐

庄子在雕陵栗树林里游玩，看见一只奇异的怪鹊从南方飞来，翅膀宽达七尺，眼睛大若一寸，碰着庄子的额头而停歇在果树林里。庄子说："这是什么鸟呀，翅膀大却不能远飞，眼睛大视力却不敏锐？"于是提起衣裳快步上前，拿着弹弓静静地等待着时机。这时突然看见一只蝉，正在浓密的树阴里美美地休息而忘记了自身的安危；一只螳螂用树叶作隐蔽打算见机扑上去捕捉蝉，螳螂眼看即将得手而忘掉了自己形体的存在；那只怪鹊紧随其后，认为那是极好的时机，眼看即将捕到螳螂而又丧失了自身的真性。庄子惊恐而

螳螂捕蝉图

警惕地说："啊，世上的物类原本就是这样相互牵累、相互争夺的，两种物类之间也总是以利相召引！"庄子于是扔掉弹弓转身快步而去，看守栗园的人大惑不解地在后面追着责问。

庄子返回家中，整整三天心情很不好。弟子蔺且跟随一旁问道："先生为什么这几天来一直很不高兴呢？"庄子说："我留意外物的形体却忘记了自身的安危，观赏于混浊的流水却迷惑于清澈的水潭。而且我从老聃老师那里听说：'每到一个地方，就要遵从那里的习惯与禁忌。'如今我来到雕陵栗园便忘却了自身的安危，奇异的怪鹊碰上了我的额头，游玩于果林时又丧失了自身的真性，管园的人不理解我又进而侮辱我，因此我感到很不愉快。"

能言善辩的公孙龙

公孙龙，生卒不详，约活动于公元前 284 年—公元前 259 年，战国时期赵国人，名家的代表人物，以善辩著称于世。曾经做过平原君的门客，其主要著作是《公孙龙子》。

启迪人生的经历

白马非马

战国时期，赵国平原君门客公孙龙因其《白马论》问世，一举成名。

当时赵国一带的马匹流行烈性传染病，导致大批死亡。秦国战马很多，为了严防这种瘟疫传入秦国，秦国在函谷关口贴出告示："凡赵国的马不能入关。"

这天，公孙龙骑着白马来到函谷关前。关吏说："人可入关，但马不能入关。"公孙龙说："白马非马，怎么不可以过关呢？"关吏说："白马是马。"

公孙龙讲："我公孙龙是龙吗？"关吏愣了愣，但仍坚持说："按规定不管是白马黑马，只要是赵国的马，都不能入关。"公孙龙不疾不徐地说："'马'是指名称而主，'白'是指颜色而言，名称和颜色不是一个概念。''白马'这个概念，分开来就是'白'和'马'或'马'和'白'，这也是两个不同的概念。譬如说要马，给黄马、黑马者可以，但是如果要白马，给黑马、给黄马就不可以，这证明，'白马'和'马'不是一回事吧！所以说白马就不是马。"

函谷关

关吏被公孙龙这一通高谈阔论搅得晕头转向，如坠云里雾中，不知该如何对答，无奈只好让公孙龙和白马都过关去了。

口吃善著书的韩非

韩非（约公元前281—公元前233年），韩非为韩国公子，是法家思想的集大成者，后世称"韩非子"。韩非口吃，不善言谈，而善于著述。他与李斯同是荀子的学生，他博学多才，思维敏捷。他行文气势逼人、宏论滔滔，凡是读过他文章的人，无不折服。

韩非虽然师从荀子，但他没有承袭儒家的思想，却"喜刑名法术之学"，继承并发展商鞅等人的法家思想。

韩国在战国七雄中是最弱小的国家，韩非身为韩国公子，目睹韩国日趋衰弱，曾多次向韩王上书进谏，希望韩王励精图治，变法图强，但韩王置若罔闻。这使他非常悲愤和失望。他积极探索变弱为强的道路，写了《孤愤》、《五蠹》、《说难》等十余万言的著作，全面、系统地阐述了他的法治思想，抒发了忧愤孤直而不容于时的愤懑。

后来这些著作流传到秦国，秦王嬴政读了《孤愤》、《五蠹》之后，大加

赞叹："嗟乎！寡人得见此人与之游，死不恨矣！"

启迪人生的经历

才高遭忌惹杀祸

公元前233年的一天，正当盛年四十出头的韩非，衣着鲜亮，神采飞扬坐着马车，从中原的新郑到秦国的咸阳去。

目前，韩王安感觉死期将至。韩国离秦国最近，经过秦昭王等人的前后侵削，地盘日渐缩小，现在只有十几个城，全境不过一个郡大，三面被秦人包围。

韩王安本能地想逃跑，但是已经没门儿了。秦国国内灭韩呼声很高，秦军即将出动。于是他派韩非做说客，到秦国游说。

韩非到了咸阳，献给秦王政一封书信。韩非是这样写的："韩国近三十年来，一直充当秦国的小弟，出门就当雨伞，入门就当枕席。秦国出动锐师攻打诸侯，韩国就随着发兵赞助。韩国因此与天下诸侯结怨，而战果却全归于强秦，但我们还是无怨无悔，争当您的小弟。可是贵国近日却有灭韩之议，万万不可啊！"

为了说明存韩的意义，韩非必须为秦国树立起赵国这个敌人，于是他接着写道："赵国目前聚集士卒，联络诸侯，有合纵攻秦之意。大王宽释赵国这个敌对恶分子，却攻打韩国这个小弟自家人，大王的做法不妥啊。"

戏剧中的韩非与李斯

秦王嬴政早闻韩非大名，对他的文章是爱不释手，现在看他的信，激动不已，很想给韩非一个面子。

可是，李斯赶紧上书劝阻："韩国不是我们的小弟，而是我们的腹心之疾，以目前形势来看，赵国正在拼命拉拢齐国。如果齐赵联合，力量增强，那么韩国必然投奔齐赵。他们互相合作，我们秦人就危险了。"

两种观点针锋相对，水火不容，到底秦王该相信谁？他这么一犹豫，就是两三年，从客观上讲，秦国等于暂时放弃了灭韩计划，韩非出使咸阳的目的，基本达到了。由于受到秦王的赏识，他就留在了秦国。

韩非和李斯发生大辩论之后，李斯觉得韩非的“存韩”政治立场顽固，不利于秦国也不利于李斯自己的官运，于是他对秦王说：“韩非最终还是替韩国设计考虑，不为秦所用。如今韩非子在秦国的时日已久，如果把他遣送回去，又会泄露秦国的政治、军事机密，不如把他处死算了。”

秦王觉得有理，就把他关起来，但爱惜其才，不舍得一杀了之。李斯怕秦王政反悔，就跑到监狱里，让韩非服毒自杀。

中国禅宗始祖达摩

达摩，又称菩提达摩，南天竺人（今印度），自称佛传禅宗第二十八祖。南朝梁武帝时航海到广州。梁武帝信佛。达摩至南朝都城建业会梁武帝，面谈不合，于是一苇渡江，到达北魏都城洛阳，驻锡少林寺，面壁九年，传衣钵于慧可。后出禹门游化终身。东魏天平三年（536年）卒于洛滨，葬熊耳山。

达摩在中国始传禅宗，“直指人心，见性成佛，不立文字，教外别传”，经二祖慧可至六祖慧能等大力弘扬，终于一花五叶，成为中国佛教最大宗门。

达摩祖师雕像

启迪人生的经历

一苇渡江

达摩拜第二十七代佛祖般若多罗为师，得到佛法真谛后，一天达摩问师父：“弟子应到何地传化？”般若多罗说：“你应该去震旦（中国），并且你到震旦以后，不要住在南方，那里的君主喜好功业，不能领悟佛理。”

达摩遵照师父的嘱咐，准备好行李，驾起一叶扁舟，乘风破浪，漂洋过海，用了三年时间来到了中国。到中国以后，广州刺史得知此事，急忙禀报给信奉佛法的梁武帝。梁武帝萧衍立即派使臣把达摩接到南京，为其接风洗尘，宾客相待。

达摩一苇渡江

武帝是一个佛教信徒，主张自我解脱。达摩是禅宗大乘派，主张面壁静坐，普度众生。由于他们的主张不同，每谈论起佛事，总是话不投机。萧衍问："我广造寺宇，渡众人为僧；写佛经、造佛像也不遗余力。凡此种种，有何功德?"达摩答："并无功德。"萧衍追问："为什么没有功德?"达摩说："你只不过干了几件好事，这实际上算不了什么功德。"萧衍闻言，心中不悦。达摩感到南京不是久留之地，便告辞渡江北上。

当时有个高僧，名叫神光，正在南京雨花台讲经说法，围观听讲的人挤得水泄不通。达摩离开梁武帝，路过雨花台，见到神光在那里讲经说法，就站在人群中侧耳倾听。达摩听讲，有时点头，有时摇头。神光发现达摩摇头，认为这是对自己的大不敬，便问达摩："你为什么摇头?"达摩不与之争，主动让步，离开雨花台而去。

达摩去后，有人告诉神光说这就是印度高僧菩提达摩，精通佛法，学识渊博。神光听了以后，惭愧之极，觉得自己太没礼貌了。于是就赶快追赶达摩，想赔礼道歉。达摩在前边走，神光在后面紧追，一直追到长江岸边。达摩停立江岸，只见水天茫茫，既没有桥，也没有船，甚至连个人影也不见。这怎么过江呢?达摩十分焦虑。正在这无可奈何之际，达摩突然发现岸边不远的地方坐着一个老太太，身边放了一捆草，看样子好像也是在等船过江。达摩只好向老人求助，他恭恭敬敬地向老人施了一礼，说道："老菩萨，我要过江，怎奈无船，请您老人家化一根芦苇给我，以便代步。"

老人抬起头来，仔细地端详达摩。见他两只突鼓的眼睛炯炯有神，满脸络腮胡子，卷曲盘旋，身材魁梧，举止坦然，形象端庄，仪表非凡。老人暗自点头称许，便顺手抽出一根芦苇递给达摩。达摩双手接过芦苇，向老人告谢而去。来至江边，他把芦苇放在江面上，只见一匝苇花昂首高扬，五片芦苇叶平展伸开，达摩双脚踏于芦苇之上，飘飘然渡过了长江。

神光追到江边，看见达摩一苇渡江，就气急败坏地跑到老人面前，不问青红皂白，抱起老人身边一捆芦苇，扔到水中，双脚踏上去，也想过江。谁知这捆芦苇不但不向前行进，反而很快沉入水中。神光见势不妙，急忙涉水而出，险些溺入水中。神光带着浑身泥水，冲向老人责问："你给他一根芦苇就渡过江，我拿你一捆芦苇为什么还过不去？"老人不慌不忙地答道："他是化我的芦苇，助人有份；你是抢我的芦苇，物各有缘。无缘无故，岂能相助？"说罢，老人转瞬间悠然不见，浩荡的江面上空无一人。神光自知有失，惭叹不已，懊悔而归。

达摩过江以后，手持禅杖，信步而行。北魏孝昌三年（公元527年）到达了嵩山少林寺。达摩看到这里群山环抱，丛林茂密，山色秀丽，环境清幽，觉得这真是一片难得的佛门净土。于是，就把少林寺作为他落迹传教的道场，广集僧徒，首传禅宗。

面壁九年

河南登封五乳峰中峰的上部，离峰顶不远，有一个天然石洞，这个石洞高宽只有三米，长度约有七米。方形的洞门，向阳敞开，空气清爽，冬暖夏凉。洞前有一块小草坪，周围浓荫蔽日，百鸟和鸣。

达摩面壁图

达摩来到少林寺后，就把这个天然石洞作为自己坐禅悟道的宝地。达摩在这个石洞里，整日面对石壁，双眼闭目，盘膝静坐，在"明心见性"上下工夫。洞内静若无人，万籁俱寂，达摩入定后，连飞鸟都不知道这里有人，竟飞到在达摩的肩膀上筑起巢来。开定后，

达摩就站起身来，活动一下四肢，锻炼一下身体，然后继续坐禅。就这样，入定，开定，日复一日，年复一年，整整面壁九年。

达摩在石洞里面壁九年，当他离开石洞的时候，他坐禅面对的那块大石头上，竟然留下了一个达摩面壁的形象，衣裳褶纹，隐约可见，宛如一幅淡淡的水墨画。人们把这块石头称为达摩面壁影石，把这个天然石洞称之为达摩面壁洞。

清道光年间，萧元吉在少林寺看罢达摩面壁影石以后，深有所感，遂挥笔写了一首《面壁石赞》：少林一块石，都道是个人。分明是个人，分明是个石。石何石？面壁石。人何人？面壁佛。王孙面壁九年经，九年面壁祖佛成。祖佛成，空全身。全身精入石，灵石肖全形。少林万古统宗门。

禅宗六祖慧能

慧能（公元 638 年—公元 713 年），中国禅宗第六代祖师，俗姓卢，祖籍河北燕山（今涿州）人，出生在广东省新兴县，生活、传法于广东。他开创的禅宗为南派，与神秀开创的北派并称。

启迪人生的经历

由行者到高僧

慧能家境贫寒，三岁丧父，卖柴养母。因听人诵读《金刚经》有悟，决心学佛出家。

慧能到湖北黄梅参拜弘忍大师学法。慧能初见弘忍，弘忍便问他：“你是哪里人？来这里求取什么?”慧能回答：“弟子来自岭南，到这里不求其他，只求‘作佛’。”弘忍说：“你是岭南人，哪里能‘作佛’！”慧能回答：“人有南北之分，‘佛性’并无南北之分。”弘忍吃了一惊，觉得他有佛性，就安排他随众劳动，在碓房舂米。慧能乐于从命，终日舂米，干得欢快。

当时弘忍的徒众有 700 人。在慧能入寺 8 个月后，弘忍命各人呈上一首偈语，这实际上是一场考试，他要选择衣钵的传人。但慧能没资格参加，因为他只是干杂事的。神秀是众僧中的的上座和尚，他在半夜三更时分，独自掌灯，在佛堂的南廊写下一偈：“身是菩提树，心如明镜台，时时勤拂拭，莫使有尘埃。”

清晨时，弘忍见到此偈后漠然不语，慧能来到廊下，要求也作一偈，得到许可，他高声念道：“菩提本无树，明镜亦非台，本来无一物，何使惹尘埃。”弘忍看到是慧能，就叫他退下，第二天弘忍把慧能叫去，为慧能讲经，又把世代相传的法衣交给他，正式传他为禅宗六祖。为他的安全着想，弘忍亲自送到江州的渡口，吩咐他不到必要的时机，不要把自己是禅宗六祖的身份讲出来，免得他人来争夺。为躲避别人的加害，他在广东四会一带的猎人中藏匿了整整 15 年，直到唐高宗仪凤元年（676 年）才公开露面。

慧能禅师像

这年正月初八，慧能来到广州法性寺（今光孝寺）。一天，风扬起寺庙的旗幡，两个和尚在争论到底是风动还是幡动？慧能说：“既非风动，亦非幡动，而是人心动。”慧能的说法，令众僧大为惊叹，引起了印宗法师的关注和尊敬。

不久，印宗法师为慧能剃度，后又召集高僧名师为慧能举行了隆重的受戒仪式。他这才由行者变为正式的僧人。次年春，慧能离开法性寺，北上南华寺开山传法，前来送行的有 1 000 多人。在南华寺，六祖慧能传教说法长达 37 年之久。其间，韶州刺史韦璩曾邀请慧能到韶州开元寺（后更名为大梵寺）讲经，其言行被弟子法海汇编成书，这就是被奉为禅宗宗经的《六祖大师法宝坛经》。在佛教中，只有佛祖释迦牟尼的言行记录能被称作“经”，而一个宗派祖师言行录也被称作“经”的，慧能是绝无仅有的一个。

理学集大成者朱熹

朱熹（公元 1130 年—公元 1200 年），南宋时期婺源（今属江西省）人。宋朝理学的集大成者，他继承了北宋时期程颢、程颐的理学，完成了客观唯

心主义的体系。认为理是世界的本质，“理在先，气在后”，提出“存天理，灭人欲”的观点。朱熹在从事教育期间，对于经学、史学、文学、佛学、道教以及自然科学，都有所涉猎或有著述，著作广博宏富。

朱熹早年出入佛、道。31 岁正式拜程颐的三传弟子李侗为师，专心儒学。朱熹在“白鹿国学”的基础上，建立白鹿洞书院，订立《学规》，讲学授徒，宣扬道学。在潭州（今湖南长沙）修复岳麓书院，讲学以穷理致知、反躬践实以及居敬为主旨。他继承二程，又独立发挥，形成了自己的体系，后人称为程朱理学。朱熹在任地方官期间，力主抗金，恤民省赋，节用轻役，限制土地兼并和高利盘剥，并实行某些改革措施，也参加了镇压农民起义的活动。

启迪人生的经历

借莲教子

朱熹少年丧父，他牢记严父遗训发奋苦读，从不懈怠，一有空闲时间就帮助母亲施肥种菜，减轻母亲的负担。而深明大义、品行慈祥的朱母朱夫人却从不让儿子分担家务，以免耽误学业。

五夫里依山伴水，碧水丹山，这里还同时盛产建莲闻名。方圆十几里的莲田，每逢炎夏，便散发阵阵清香，亭亭玉立的莲花争相怒放，红白相间，十分动人。少年朱熹喜欢夹着书本走在林荫道旁，面对莲田高声诵读先师兼理学奠基人周敦颐的《爱莲说》：“出淤泥而不染，濯清涟而不妖……”“莲，花之君子者也……”

朱熹像

这年夏天酷热难当，朱熹像往常一样在林荫道旁读书，朱夫人在百忙之中煮了碗莲子汤端了过来，朱熹慌忙放下手中的书，接过莲子汤，又递到母亲面前，愧疚地说：“母亲，您每天操劳到晚，还是您先喝吧！”望着这聪明懂事的孩子，母亲感慨万分，夫君去世，母子相依为命。孩子在五夫里刘、胡二位先生的教诲下，学业大进。想到这里，朱夫人对朱熹道："孩儿，莲乃花之君子，它浑身都是宝，建莲是朝廷贡品，一直供皇上享用，百姓也可自种自享，这样看来，君王庶民均为一体，孔孟之道存与其中。莲藕是人们喜爱的佳肴，可制成藕粉；荷叶味苦，清热解暑，可以入药；荷花清丽幽香，可供观赏。此中的用处，你应该都知道，做人也该如此，要做有用的人，像莲花一样做正人君子。"朱熹接过母亲手上这碗蕴涵着做人道理的莲子汤，细细品味着，思索着。

"一无所知" 的苏格拉底

苏格拉底（公元前469年—公元前399年），他和他的学生柏拉图及柏拉图的学生亚里士多德被并称为"希腊三贤"。他被后人广泛认为是西方哲学的奠基者。

苏格拉底出生于雅典一个普通公民的家庭。苏格拉底具有朴实的语言和平凡的容貌，生就扁平的鼻子，肥厚的嘴唇，凸出的眼睛，笨拙而矮小的身体和神圣的思想。

他早年继承父业，从事雕刻石像的工作，后来研究哲学。他在雅典和当时的许多智者辩论哲学问题，主要是关于伦理道德以及教育政治方面的问题。他被认为是当时最有智慧的人。作为公民，他曾三次参军作战，在战争中表现得顽强勇敢。此外，他还曾在雅典公民大会中担任过陪审官。

苏格拉底塑像

苏格拉底靠自学成了一名很有学问的人。他以传授知识为生，30多岁时做了一名不取报酬也不设馆的社会道德教师。许多有钱人家和穷人家的子弟常常聚集在他周围，跟他学习，向他请教。苏格拉底却常说："我只知道自己一无所知。"

他的一生大部分是在室外度过的。他喜欢在市场、运动场、街头等公众场合与各方

面的人谈论各种各样的问题，如战争、政治、友谊、艺术、伦理道德等等。他说："我的母亲是个助产婆，我要追随她的脚步，我是个精神上的助产士，帮助别人产生他们自己的思想。"

苏格拉底一生过着艰苦的生活。无论严寒酷暑，他都穿着一件普通的单衣，经常不穿鞋，对吃饭也不讲究。但他似乎没有注意到这些，只是专心致志地做学问。

苏格拉底没有留下任何著作，我们只能从他的两个学生的柏拉图和色诺芬的记载中加以探索，然而他们两人的记载又往往是互相矛盾的，因此对于何者的记载更接近真相一直是争论的话题。苏格拉底的学说具有神秘主义色彩。他认为，天上和地上各种事物的生存、发展和毁灭都是神安排的，神是世界的主宰。他反对研究自然界，认为那是亵渎神灵的。他提倡人们认识做人的道理，过有道德的生活。他的哲学主要研究探讨的是伦理道德问题。

在欧洲文化史上，他一直被看做是为追求真理而死的圣人。

启迪人生的经历

苏格拉底与失恋者的对话

苏格拉底："孩子，为什么悲伤？"

失恋者："我失恋了。"

苏格拉底："哦，这很正常。如果失恋了没有悲伤，恋爱大概也就没有什么味道了。可是，年轻人，我怎么发现你对失恋的投入甚至比你对恋爱的投入还要倾心呢？"

失恋者："到手的葡萄给丢了，这份遗憾，这份失落，您非个中人，怎知其中的酸楚啊！"

苏格拉底："丢了就丢了，何不继续向前走去，鲜美的葡萄还有很多。"

失恋者："我要等到海枯石烂，直到她回心转意向我走来。"

苏格拉底："但这一天也许永远不会到来。"

失恋者："那我就用自杀来表示我的诚心。"

苏格拉底："如果这样，你不但失去了你的恋人，同时还失去了你自己，你会蒙受双倍的损失。"

失恋者："您说我该怎么办？我真的很爱她。"

苏格拉底："真的很爱她？那你当然希望你所爱的人幸福？"

失恋者："那是自然。"

苏格拉底："如果她认为离开你是一种幸福呢？"

失恋者："不会的！她曾经跟我说，只有跟我在一起的时候，她才感到幸福！"

苏格拉底："那是曾经，是过去，可她现在并不这么认为。"

失恋者："这就是说，她一直在骗我？"

苏格拉底："不，她一直对你很忠诚。当她爱你的时候，她和你在一起，现在她不爱你，她就离去了，世界上再也没有比这更大的忠诚。如果她不再爱你，却要装着对你很有感情，甚至跟你结婚、生子，那才是真正的欺骗呢。"

苏格拉底与年轻人在一起

失恋者："可是，她现在不爱我了，我却还苦苦地爱着她，这是多么不公平啊！"

苏格拉底："的确不公平，我是说你对所爱的那个人不公平。本来，爱她是你的权利，但爱不爱你则是她的权利，而你想在自己行使权利的时候剥夺别人行使权利的自由，这是何等的不公平！"

失恋者："依您的说法，这一切倒成了我的错？"

苏格拉底："是的，从一开始你就犯错。如果你能给她带来幸福，她是不会从你的生活中离开的。要知道，没有人会逃避幸福。"

失恋者："可她连机会都不给我，您说可恶不可恶？"

苏格拉底："当然可恶。好在你现在已经摆脱了这个可恶的人，你应该感到高兴，孩子。"

失恋者："高兴？怎么可能呢，不管怎么说，我是被人给抛弃了。"

苏格拉底："时间会抚平你心灵的创伤。"

失恋者："但愿我也有这一天，可我第一步应该从哪里做起呢？"

苏格拉底："去感谢那个抛弃你的人，为她祝福。"

失恋者："为什么?"

苏格拉底："因为她给了你忠诚，给了你寻找幸福的新机会。"

触动全人类心灵的死别

公元前399年，正值华夏战国时代的初期（周安王三年），古希腊雅典的三位罗织罪状的家伙（墨勒托斯，一位拙劣的悲剧合唱歌曲的作者；安尼托斯，一位制革的匠人；一位演说家）一起指控当时著名的学者、哲学家苏格拉底有罪。他们对苏格拉底指控的基本内容如下：

"苏格拉底违反法律表现在他不尊敬城邦所信奉的诸神，而且还引进新神；他的违法还表现在他蛊惑青年，使之误入歧途。"不知道这三位检察官用了些什么证据，竟然说服了雅典的公民，让他们认为城邦应该判苏格拉底死罪。这样，苏格拉底就被宣判为有罪，定为死刑。但是没有随即行刑，推迟了一个月以后才执刑。

在这段时间里，苏格拉底有充裕的时间与机会出走逃避。他的朋友克里同曾多次劝说他远走高飞，但他不为所动。因为苏格拉底自认是一名雅典公民，就要遵守雅典所制定的法律，以身殉道，甘愿受死。苏格拉底还认为，如果在他的朋友及学生的协助下越狱逃走，是"以错对错"，这种办法不可取。

另外，按照当时雅典的法律规定，所有被判有罪的人都可以请求宽恕。但是这样做就等于承认自己有罪，当然苏格拉底是不愿意这样做的。当时雅典法律还规定，被判有罪的人还有自己选择某一种刑罚的自由，即在认罪的前提下交罚金或者选择被放逐处罚。这些都是古希腊雅典当时宽容的民主措施。

苏格拉底之死

然而，苏格拉底一贫如洗。他声称，自己没有这笔钱，也不愿意交罚金。苏格拉底也不愿意领着妻子和孩子在法庭垂泪乞求同情和宽恕。他倔强的态度惹怒了法官，但他表示"我宁愿选择死也不愿婢膝地乞求比死还坏得多的苟且偷生”。苏格拉底对死也不畏惧，因为他认为“灵魂不灭”或“灵魂转移”，人死后可以到另一世界，即冥府，在那里，“充满希望”的新生又将开始。

那是 5 月间的一天，苏格拉底将饮鸩就刑。当死神的脚步向他越来越逼近时，在囚禁着苏格拉底的地方聚集了不少人，其中有他的挚友克里同，还有其他的朋友及他的学生。这时，克里同问苏格拉底：“你还有没有别的事情要作交代？如关于你的家人或其他别的事，我们都是愿意尽力去做这些事的。”

苏格拉底与百姓在一起

苏格拉底回答道：“没有什么事情。我只是希望你们能按照我往常所说的那样去做，要好好照顾自己。你们若是能好好照顾自己，就等于是帮助我和我的子孙后代。要是你们不好好地照顾你们自己，不遵从我方才及以往说过的道理，不管你们现在如何郑重地答应我所要做的许多事，那都是没有什么用的。”

克里同说道：“我们一定要努力去做的，但我们该怎样安葬你呢？”

“按照你们所想的方式就可以了，只要你们心中真正感到我还存在着，并没有离开你们，那么你们就以你们所想的方式埋葬我吧。”苏格拉底说完这句话后微微一笑，看着围绕在他身旁的众人。接着又说：“各位，克里同并不了解现在的这个我就是苏格拉底，反而认为在不久后他看到的尸体才是我，所以才向我提出如何埋葬我的问题。在我饮鸩去世后，我要告诉你们，我去另一个国度了。有关这个问题，刚才我们谈论了许久。这是因为一方面希望你们镇定下来，另一方面，也是在安慰我自己。可是我们之间方才的谈话，好像克里同并没有听进去。我恳求你们向克里同担保，向他作保证，我死后是不会留在这儿的，会去离这儿很远的乐园。这样一来，克里同的心情就能平静下来。那样，在他看到我躯壳被埋葬或焚化时，他的悲恸或许要减少的，因为他不会感到那样做是对我的虐待；同时，在埋葬尸体时，他不至于说：‘埋葬的是苏格拉底。’克里同啊，你必须丢掉那些没有实际意义的想法，以免伤害自己的心灵。你要鼓足勇气说：‘埋葬的只是苏格拉底的躯体。’关于怎么样埋葬，就照你的意思，按照现行一般的民俗做就行了。”

苏格拉底说完上面这些话后就站起来，然后走进另一间房子去沐浴。这时，克里同和其他人留在外面，没有跟着进去。他将苏格拉底向他们说过的事情提出来，大家互相间讨论讨论。对于这些，他们进行了回忆、反思，对于苏格拉底以往的不幸遭遇，感到哀伤和叹息。在场所有的人都感觉到自己好像是一群没有父亲的孤儿，必须要面对寂寞和现实的人生。

在苏格拉底沐浴完毕以后，他的家人，包括三个儿子，其中大儿子 17 岁，名叫兰普罗克勒斯，另外的两个都还很小，以及他的第二个妻子克珊狄波斯，来到他身边。苏格拉底当着克里同等人的面将他迫切希望的事向他的家人作了交代，然后让妻子和孩子先回去。

这时天渐渐黑起来了，苏格拉底坐了下来，便不再多说话了。不一会儿，由 11 人组成的刑吏队的一名下属走近苏格拉底的身旁说道：“苏格拉底啊，你跟别的囚犯真是很不同呀！在我接到命令要他们饮鸩就刑时，他们要不是耍赖就是咒骂我，而你对我从来没有埋怨过。自从你被关在这里以后，我已经了解你是这座牢里所有犯人中最高尚、最温和也是最伟大的人物，到现在我相信了这一点。你是一位很明事理的人，你清楚，有关你的事，责任不在我，因此，对我也不生气。想来你也明白，我要对你说些什么，我就是要请你保重，也要请你对这无法改变的事，要以轻松平静的心情忍耐下去。”这人说完上面这些话以后，就淌着眼泪难过地离开了。

这时众人沉默，苏格拉底对正离去的那人的背影说道：“你也要保重，我会照你所说的话那样去做的。”

然后，苏格拉底向一旁的克里同及其他在场的人说道：“那个人跟我很亲近，他一有空总是来和我说话，像他这样的人现在已经不太容易找到了！我是由衷感激他。克里同，我们要照他所说的话去做。请你叫人把毒药拿来好吗？要是还没有准备好，就让他们赶快准备吧。”

克里同回答道：“可是太阳仍然照耀在山顶上呢，还没有落坡。其实我也知道，不少人接到就刑的通知后，总是要拖延一段时间才饮毒药。他们还要尽情吃一些美味，最后欢乐一番，然后才去死。所以，你用不着那么急，时间还是有的呢。”

苏格拉底回答道：“克里同啊，那些人就像你所说的那样，也是可以理解的。因为他们认为这样做，对自己有好处。但是，我不像他们那样也是有理由的，因为我觉得推延服毒的时间，对我来说是没有什么用的。如果到了这时候，还什么也放不下，只能增添些自我嘲讽而已。因此，还是照我的吩咐去做吧，不要再坚持了。”

至此，克里同只好用目光暗示在旁等候吩咐的小童，那个小孩就走到外面去了。一会儿，这个孩子又走了回来，并且领着一个人进来。这个进来的人手里捧着一只杯子，里面盛的就是毒药。苏格拉底对这个手里捧着毒药杯的人问道：“请你告诉我，我该怎样做才行？”

那个人说：“你喝下这杯毒药以后，只要不停地在这里走，如果感到两脚逐渐沉重起来，而且越来越重，于是你就躺下来。这就表明毒药已经生效了。”

说完了这些话，此人就将杯子递给苏格拉底。苏格拉底把杯子接了过来，脸色一点也没有变，镇定自若，跟平时的表现完全一样。他看了一眼把杯子递给他的那个人，然后问道：

“我可不可以从杯子里取一点出来，把它献给神呢？”

那个人回答道：“我们准备的毒药的分量刚刚好。”

苏格拉底于是说道：“这我是知道的，我只是想向神祷告罢了，祷告我从这个世界到达另一个世界，能够平安幸福！这也是我用这杯中之物作为饮料，以此来向神许愿。”苏格拉底说着一仰脖把毒药一口吞尽。

方才，在这里的大部分人都在抑制自己，尽量忍着眼泪，不要哭出来。但他们看到苏格拉底喝光毒药就刑时，就再也抑制不住自己的眼泪了，不得不捂着自己的脸哭了起来。要是说这是为了苏格拉底而哭泣，倒不如说是自我悲伤，感到自我的不幸，为的是丧失了这样好的朋友和老师而哭泣。克里同最不能抑制自己的眼泪，因而站了起来。在场的阿波罗多罗斯是苏格拉底的好友，眼睛早就哭红肿了，现在更是呜呜地痛哭起来。阿波罗多罗斯悲痛欲绝的表现，使在场所有的人都受到感染，大家难过得更不能自制，悲恸到了极点。

苏格拉底的态度十分从容，他看到众人的这种情形，说道：“你们到底在干什么呢？真是让人受不了。我之所以要把女人和孩子打发回去，就是怕他们像这个样子。我经常听人说，作为男人，应该安静地死去。所以你们面对

着我，应该镇定下来，要坚强些！”

周围的人听到苏格拉底说的话，都觉得不好意思，于是全都抑制住了自己的眼泪。然后大家看着苏格拉底在不停地走动，逐渐发觉他的脚步沉重起来。拿毒药给苏格拉底喝的那个人，就让他躺了下来，然后用手在苏格拉底的身上摸了起来，并对他左右的脚踝进行检查。这个人用力压住苏格拉底的脚踝，并问道：“感不感觉痛？”苏格拉底回答说：“不。”

那个人又按他的膝盖，并告诉周围的人，说道：“苏格拉底的身体已经慢慢地僵直了，已经没有了知觉。”那人又重复地摸了一次，再对众人说道：“要是僵冷到了心脏时，就可以说一切都结束了。而现在他的下半身大部分都已经僵冷了。”

苏格拉底饮鸩之后

这时，那个行刑的人在苏格拉底的脸上盖了一层布。苏格拉底将盖在脸上的布拉开，说：“克里同，我还欠医神阿斯克勒皮俄斯一只公鸡（这是医神的圣物），请不要忘了，要还给他。”

这就是苏格拉底临终时所说的最后一句话。克里同赶忙对苏格拉底说道：“好的，还有没有其他别的事情呢？”

这时，苏格拉底已经无法开口回答了。舌头已经僵直了。随即，苏格拉底的身体痉挛了一下。那个行刑的人当即把盖在苏格拉底脸上的布拿开。这时苏格拉底的两眼已失去了光彩。克里同用手轻轻地按摩着苏格拉底的双眼和嘴，使之能安然地阖闭起来。

原子论者德谟克利特

德谟克利特（约公元前460年—公元前370年或公元前356年），古希腊伟大的唯物主义哲学家，原子唯物论学说的创始人之一。

德谟克利特一生勤奋钻研学问，知识渊博，通晓哲学的每一个分支，同时，他还是一个出色的音乐家、画家、雕塑家和诗人。他是古希腊杰出的全才，在古希腊思想史上占有很重要的地位。

德谟克利特利用原子论解释认识论问题：从事物中不断流溢出来的原子形成了“影像”，而人的感觉和思想就是这种“影像”作用于感官和心灵而产生的。这就是他的“影像说”。他还区分了感性认识和理性认识。他把感性认识称作“暧昧的认识”，把理性认识称为“真理的认识”。

德谟克利特像

德谟克利特在自然科学上最重要的贡献，是他继承和发展了他的老师留基伯的原子论，为现代原子科学的发展奠定了基石。

在伦理观上，他强调幸福论，主张道德的标准就是快乐和幸福。著有《宇宙大系统》、《论自然》、《论人生》等，但仅有残篇传世。

启迪人生的经历

凭学问免罪

德谟克利特从小就见多识广。小时候，他作过波斯术士和星象家的学生，接受了神学和天文学方面的知识，对东方文化有着浓厚的兴趣。他在学习和研究的时候非常专心，经常把自己关在花园的一间小屋里。他的想象力很丰富，并且刻意培养自己的想象力。有时他到荒凉的地方去，或者一个人呆在墓地里，以激发自己的想象。

德谟克利特成人后，来到雅典学习哲学。后来又到埃及、巴比伦、印度等地游历，前后长达十几年。他在埃及居住了五年，向那里的数学家学习几何。他曾在尼罗河的上游逗留，研究过那里的灌溉系统。在巴比伦，他向僧侣学习如何观察星辰，推算日食发生的时间。回到故乡阿布德拉后，他担任过该城的执政官。在繁忙的政务之余，他始终没有放弃追求哲学和自然科学知识，并且在艺术方面也有了一定的造诣。

当他学问越钻越深的时候，他感到小小的书房已经不足以供他研究了。他需要更广阔的空间。为了追求真理，追求智慧，他决定外出游学。他和他的两兄弟划分了祖上的家产，各拿一份。德谟克立特分到了最少的那份，100塔仑特现金。他拿着这笔钱，漫游了希腊各地，渡过地中海，到达了埃及，到达红海，到达巴比伦平原，往南一直到达埃塞俄比亚，往东到达印度，还在波斯结识了众多星相家。外出游学花费了父亲给他留下的绝大部分财产。他又整天写着“荒诞”的文章，在花园里解剖动物的尸体，以致族中有人认为他发了疯。他无所不学、无所不问。

然而，当德谟克立特回到阿布德拉之后，却遭到了一场审判，他被控“挥霍财产罪”。原因是德谟克利特经常外出旅行，有些人企图占有他剩下的财产，便控告他浪费祖产，对族中的事不加理会，把好好的园子变成了杂草丛生的荒地。根据该城的法律，犯了这种罪的人，要被剥夺一切权利并被驱逐出城。在法庭上，他为自己做了辩护：

“在我同辈的人当中，我漫游了地球的绝大部分，我探索了最遥远的东西；在我同辈的人当中，我看见了最多的土地和国家，我听见了最多的有学问的人的讲演；在我同辈的人当中，勾画几何图形并加以证明，没有人能超得过我……”

他还在庭上当众宣讲起他的名著——《宇宙大系统》。他的学识和他的雄辩取得了完全的胜利，征服了法官。

法庭不但判他无罪，并决定以五倍于他“挥霍”掉财产的数字——500塔仑特的报酬，奖赏他的这一部著作。与此同时，并把他当成城市的伟人，在世就给他塑造了铜像。

古希腊文化之魂柏拉图

柏拉图（约公元前427年—公元前347年），古希腊伟大的哲学家，也是全部西方哲学乃至整个西方文化最伟大的哲学家和思想家之一。

柏拉图出身于雅典贵族，青年时师从苏格拉底。苏格拉底去世后，他游历四方，曾到埃及、小亚细亚和意大利南部从事政治活动，企图实现他的贵族政治理想。公元前387年活动失败后逃回雅典，在一所称为阿加德米的体

柏拉图像

育馆附近设立了一所学园，此后执教40年，直至逝世。他一生著述颇丰，其教学思想主要集中在《理想国》和《法律篇》中。

柏拉图提出了一种理念论的认识论。在柏拉图的《理想国》中，有一个著名的洞穴比喻来解释理念论：有一群囚犯在一个洞穴中，他们手脚都被捆绑，身体也无法转身，只能背对着洞口。他们面前有一堵白墙，他们身后燃烧着一堆火。在那面白墙上他们看到了自己以及身后到火堆之间事物的影子，由于他们看不到任何其他东西，这群囚犯会以为影子就是真实的东西。最后，一个人挣脱了枷锁，并且摸索出了洞口。他第一次看到了真实的事物。他返回洞穴并试图向其他人解释，那些影子其实只是虚幻的事物，并向他们指明光明的道路。但是对于那些囚犯来说，那个人似乎比他逃出去之前更加愚蠢，并向他宣称，除了墙上的影子之外，世界上没有其他东西了。

启迪人生的经历

站在巨人肩上

在科林斯海峡中，一艘木船在风浪中扬帆远航。它带着柏拉图的憧憬和希望，向麦加拉进发。

从这一年开始，28岁的柏拉图和他的学友们一道离开了雅典，先后游离了麦加拉、埃及、昔勒尼、南意大利、西西里等地，历时12年。其间，他广交学士同仁，博采百家精华，历尽千辛万苦，力求开辟一条哲学与政治相结合的新途径。

柏拉图一行首先到了麦加拉，这是雅典西部不远的一个城邦国家。这里有一个由苏格拉底的朋友和学生组成的哲学学派，叫麦加拉派。他们很热情

柏拉图塑像

地接待了柏拉图一行。麦加拉派的创始人叫欧几里德（不是那位创立平面几何学的欧几里德）。这个人不仅崇拜苏格拉底，而且有一种追求真理的大无畏精神。据说在雅典和麦加拉处于高度敌对的紧张状态时期，他常常穿着女人的衣服潜往雅典，目的只是为了能够听苏格拉底讲话。麦加拉派有一个基本观点，认为作为道德最高原则的“单纯的善”是真实的，而一切其他个别和特殊的观念都是不真实的。谁要不同意这一点，他们就用辩论来征服对手，用揭示对方矛盾的方法来使对手就范。例如他们著名的“谷堆论证”和“秃头论证”就充分表明了这一派在辩论中的机智。他们首先给对方提出问题：一粒谷子能否造成一堆？或者说：少一根头发能否造成一个秃头？答曰：不能。又问：再来一粒或再少一根怎样？答曰：还是不能。这个问题一直重复下去，总是问加一粒谷子或减一根头发如何。直到最后，对方被迫承认可以造成一堆谷子或一个秃头，即承认那最后加的一粒谷子或最后减的一根头发能造成一堆谷子或一个秃头。这就与开始的回答“加一粒谷子不能造成一堆，减一根头发不能造成秃头”自相矛盾。这样，对方的观点就不攻自破了。

但是，柏拉图注意到这一学派有些论证是无聊且可笑的，例如：“你有一条狗，它是有儿女的；因此这条狗是父亲。因此你有一个父亲，它的儿女是狗；因此你本身是那些狗的一个兄弟，并且本身是一条狗。”

让柏拉图感受特别深刻的是：这一派善辩，敢辩，有时甚至是“强词夺理”，但辩论中的态度却是友善沉着的。据记载，欧几里德就是辩论时“最沉着的人”。有一次他和人争辩，他的对手大怒，因而叫道：“此仇不报，我宁愿死！”欧几里德很安详地答道：“如果我不能用充分的理由与温和的态度使你安静下来，那我就情愿死掉。”

柏拉图在麦加拉期间，深受麦加拉派的影响。他从中得到的启示，是他们对事物的本质或共相的重视、强调和追求，是要找出事物真实的存在。而这种“真实的存在”，正是柏拉图梦寐以求要弄清的“道德本身”、“美本身”之类的东西，他尔后把它归纳为“理念”。

后来，柏拉图乘船来到非洲北部的昔勒尼。这里也有一个由苏格拉底的朋友和学生组成的学派，叫做昔勒尼派。阿里斯底波是这个学派的创始人。阿里斯底波与苏格拉底交游甚久，并且在他那里受到进一步的教养和熏陶；因为在他谒见苏格拉底以前，就已经是一个相当有决心、有教养的人了。他并不满足于苏格拉底关于善和美的一般谈论。他主张，个人的快乐和享受才是理性所寻求的唯一东西。与麦加拉派相反，昔勒尼派强调个别的，感觉到的东西是最真实的。那么，怎样才能得到感觉的快乐呢？阿里斯底波认为，快乐并不是随便什么人都可以真正得到的，它是以精神的和思想的教养为前提条件的，即：只有那些具备高度教养的人，才能获得快乐。这是因为，愉快地感觉到的东西，并不是直接认识到的，而只是通过反思，通过哲学思维才认识的。在这方面，他自己堪称楷模。

有一回，阿里斯底波同友人游历到了西西里的叙拉古，成了叙拉古僭主狄奥尼修家里很受欢迎的宾客。他机智而洒脱，善于适应各种环境。一次，狄奥尼修向他吐了一口唾沫，这本来是一种侮辱，但他忍受着，全不在意。当别人感到不可理解并责备他时，他回答说：“渔夫们为了捕一条可怜的小鱼，不惜让海水溅湿全身；我为了捕一条大鲸鱼，难道不应该忍受这一点小委屈吗？”

在昔勒尼居住的那段日子里，柏拉图把昔勒尼派的思想与麦加拉派的观点进行了认真的比较，发现他们都各有自己的真知灼见。如果说，麦加拉派强调事物背后的那个“真实存在”，强调善的普遍性；那么，昔勒尼派则强调事物现实存在的“真实性”，强调善的现实内容——感觉上的快乐，而这种快乐的获得又是以哲学认识和思想教养为前提的。至于“快乐哲学”的另一个流派——犬儒派，他们把人的需要自然化、简单化作为最高原则，提倡像狗那样回到自然生活（衣食住行等），并身体力行，当然另作别论。

柏拉图一面研习现实的各哲学流派，一面思考，辨别真伪。他不仅弄清了苏格拉底各学派的思想发展，也探究了其他哲学派别的深刻洞见。例如，他游历到大希腊（南意大利）时曾十分虔诚地研究了毕达哥拉斯“数的哲

学”，并在经济拮据的情况下用高价买了老辈毕达哥拉斯派的哲学著作。在此之前，他还研习了赫拉克利特的“流动”哲学、德谟克利特的原子论哲学等几乎所有的以往哲学。正是这种不倦的思索和探求，才使柏拉图有可能“站在巨人的肩膀上，比巨人看得更远”，取得更大的思想成就。

最博学的思想家亚里士多德

亚里士多德（公元前384—公元前322年），柏拉图的学生，马其顿国王亚历山大大帝的老师。公元前335年，他在雅典办了一所叫吕克昂的学校，被称为逍遥学派。亚里士多德是古希腊哲学家中最博学的人。

亚里士多德师承柏拉图，主张教育是国家的职能，学校应由国家管理。他首先提出儿童身心发展阶段的思想；赞成雅典健美体格、和谐发展的教育，主张把天然素质、养成习惯和发展理性看作道德教育的三个源泉。主张“文雅”教育，使教育服务于闲暇。

亚里士多德像

亚里士多德一生勤奋治学，从事的研究几乎涉及所有的学科，并写下了大量的著作，有《工具论》、《形而上学》、《物理学》、《伦理学》、《政治学》、《诗学》等。他的思想对人类产生了深远的影响。他创立了形式逻辑学，丰富和发展了哲学的各个分支学科，同时对自然科学的发展做出了巨大的贡献。

启迪人生的经历

塑造一代大帝

公元前343年的一天，亚里士多德正在家里和妻子比提娅公主共进午餐，国王菲力浦派信使送来了一封邀请信。信上写道：“我有一个儿子，但我感谢神灵赐我此子，还不如我感谢他们让他生于你的时代。我希望你的关怀和智慧将使他配得上我，并无负于他未来的王国。”很明显，这是马其顿王菲力浦邀请亚里士多德到王宫里去，专门教育王子亚历山大。对于这一邀请，亚里士多德欣然领受了。

作为父亲，菲力浦大帝决心要他的儿子在各方面都受到良好的教育，并替他拟定了一个远大的政治计划。从征战中获得的强大经济实力和坚实的人力基础来看，菲力浦确信兼并小国，统一希腊，指日可待。面对混乱和动荡的社会状况，菲力浦希望在动乱中建立一个秩序，将混乱的政治理出一个头绪。他要以全希腊作为政治中心，再向四方发展，最终治理全世界。

亚历山大大帝雕像

初入王室，亚里士多德尚无法适应新环境。王宫里充满了粗俗暴戾的气氛，不是一个哲学家修身养性的地方。菲力浦国王聪明过人，却缺乏良好的教养，他性如烈火，举止粗暴，说话惯用俚言俗语。他常说：“俺是老粗，俺可不能叫儿子再当老粗。”当时亚历山大还是一个13岁的鲁莽少年，精力充沛得像个疯子。他是一个骑马能手，喜欢驯服别人所不能驯服的悍马，而他本人则像一头野性难驯的乳狮。不过智慧的亚里士多德有办法驯服他，最终使亚历山大变得有勇有谋。

亚历山大非常尊敬亚里士多德，他简直把亚里士多德当作自己的父亲看待。他曾经说：“父亲赋予我生命，但赋予我生活技能的，却是另一个父亲。”据说，有一次亚历山大在写给亚里士多德的信中说：“当善恶的知识和领土权势不可兼得的时候，我宁愿有善恶的知识，而不愿有领土和权势。”经过两年的哲学学习之后，亚历山大终于登上王位，在征服世界的疆场上驰骋了。亚历山大是人类历史上罕见的军事奇才，他在数年间南征北讨，攻城掠地，建立了一个地跨欧亚非的马其顿大帝国，使整个世界打上了他个人的烙印。亚里士多德在多大程度上改变了这个有着野蛮血统的青年皇帝呢？

比起柏拉图对于狄奥尼修，亚里士多德在亚历山大身上，是找到了一个

不同的、更有价值的学生。柏拉图关心的是他的共和国、他理想的国家，他和狄奥尼修建立关系，只是想通过他来实现自己的理想国。亚里士多德则完全不同，在他的面前，只有一个人，他的目标就是把这个人的人格培养和发展起来。因此，他极为认真地对待亚历山大的教育。对于亚历山大，亚里士多德不采用近代常用的教育王子的浅薄方法，他深知什么是真理，什么是真正的文化教育。

历史不在乎，亚历山大统一世界的雄心，是否由他的老师所激发；它所认定的是，亚历山大的功业在历史上具有重要意义。正如罗素所说，“要不是他，整个希腊文明的传统很可能会早已经消灭了。至于亚里士多德对于他的影响，我们尽可能任意地猜想成我们觉得是最合情理的状况。”在黑格尔看来，在对亚历山大的教育里面，能够归功于亚里士多德哲学教化的是：亚历山大精神秉赋特有的伟大，他自然的本性，正是由于亚里士多德的教育而得到了内在的解放，并被提高到完满的、自觉独立的高度。

天使博士托马斯

托马斯·阿奎纳（约公元1225年—公元1274年）是中世纪经院哲学的神学家，他把理性引进神学，用“自然法则”来论证“君权神圣”说。他是自然神学最早的提倡者之一，也是托马斯哲学学派的创立者。他所撰写的最知名著作是《神学大全》。天主教教会认为他是历史上最伟大的神学家。

托马斯相信上帝所给予人类的启示可以分为两种：一般的启示和特别的启示。一般的启示可以透过观察上帝创造的自然秩序而获得，这样的观察可以透过逻辑思考而获得重要的结论。托马斯曾提出一个知名的“五个证明的方法”，用五个例子来证明上帝的存在。虽然人可以透过对一般启示的逻辑思考认知到上帝的存在，但有一些其他知识是要透过特别的启示才能得知的。在托马斯看来，耶稣基督显示了上帝的存在便是特别的启示之一。

启迪人生的经历

幽禁“托钵僧”

1244年，在意大利通往巴黎的大道上，几位身着白袍和黑色外套的托钵僧人，紧紧地簇拥着一位也是托钵僧打扮的青年人，急速地向前奔走。他们行踪诡秘、昼夜兼行，仿佛是一群黑色的幽灵。走到哪里，哪里就掠过一阵不安的骚动。要知道，那几位托钵僧人是大名鼎鼎的多米尼克会的修士。该会的宗旨就是“铲除异端，消灭邪恶，宣讲信仰，培养道德”。它在异端裁判中所实施的恶行，使人无不谈虎色变，不寒而栗。

被劫持的青年一直在倔强地反抗，他对这群骑士中的两位哥哥愤怒地抗议：“看在上帝的名义上，你们想干什么？”“凭着上帝的名义起誓，我们想使你的头脑清醒一点，迷途知返，不让你任性胡为，辱没了阿奎纳家族的声誉。”两位哥哥回答。

“你们要知道，我是以四海为家的托钵僧人，你们没有权利干涉我的行动。”他高声争辩着，但是无济于事。他挣扎着，可是寡不敌众。终于在哥哥的暴力挟持下，被押送到洛卡塞卡城堡里幽禁起来。

这位被劫持的青年人就是托马斯·阿奎纳。他是意大利贵族兰道夫伯爵的第七个儿子，德意志皇帝腓特烈一世的外甥。

托马斯·阿奎纳像

原来，托钵僧人和一般教士虽然都是上帝的奴仆，以信奉、服从、献身、禁欲为人生的价值目标，但是他们二者的社会地位、生活方式、宗教活动方式却有天壤之别。一般僧人是封建社会上流阶层的一种荣耀职业，是贵族子弟发迹的必经之途，由此可以爬上高级神职人员的显赫地位，身负上帝的使命，享尽人间的荣华富贵；而托钵僧人则是新出现的，与穷人为伍，以乞讨为生的巡回传教士，他们行为乖张，地位卑贱，身负宣传“清贫福音”的使命，却要忍受人世的全部苦难。

父亲不能想象贵甲天下的豪门之子竟像托钵僧那样鹑衣百结、赤足袒臂，非常愤怒。母亲吓呆了，情急中她恳求教皇，把儿子从“堕落”的幻梦中拯救出来。那不勒斯主教慨然应允，然而托马斯却无动于衷，仍然我行我素，并负气地逃离了家庭。于是，在通往巴黎的大道上演出了前述的劫持悲剧。

在幽禁的日子里，矢志拯救众生的托马斯面临着一场“拯救他灵魂”的家族战争。老伯爵恩威并施，想打消他出家的念头。托马斯矢志不渝。最后，老伯爵只得作出让步：“你坚持要过寺庙生活，我也没有办法，不过请你答应我最后一个请求：为了顾全家族的体面，你就去做基度山修道院院长吧！”可是托马斯十分执拗，他一口回绝：“我不愿当领袖，只愿一生做主耶稣最卑贱的信徒。”

母亲泪眼蒙胧，泣不成声地规劝他说：“亲爱的孩子，你要记住自己的皇家血统。你又怎么忍心撇下母亲，去过那卑贱的生活呢？”伟大的母爱拗不过他对上帝悲壮的专情，母亲含泪离开了。

孔武有力的兄弟们疾言厉色地训斥，拳棒交加地威逼，但托马斯仍岿然不动。父亲的威严，母亲的慈泪，兄长的暴力，都没有使托马斯动摇和屈服。他反而深深地沉浸在耶稣受难于十字架的悲壮激越的情感体验中，升腾起为信仰献身的决心。在幽静无聊的古堡中，他身着托钵僧人的白袍和黑色外套，读基督圣典和亚里士多德的名著，体味遥远而神圣的天国风情。

软硬兼施都失败了。兄长们想起伊甸园的亚当和夏娃。为了拯救托马斯那不安分的灵魂，兄长们反其意而用之，向他放出了蛊惑人类犯罪的“蛇”。

在寒风凛冽的冬夜，托马斯正面对壁炉烤火取暖。一位如花似玉、楚楚动人的少女款款来到他身边。她含情脉脉，妩媚动人。兄长们满心以为正值青春年少的托马斯看到这位天仙般的少女，定会心摇神移，不能自制，而将遗世遁俗的念头抛到九霄云外。谁知托马斯心如枯井，波澜不惊。他顺手操起火钳，无情地把那位少女赶出了房间，然后在阴湿的墙壁上用手指划下了一个“十”字。据说这个“十”字指痕至今没有消失，向人昭示着圣徒的坚贞。入夜，他做了一个梦，梦见天使捆住了他的腰，以示永恒的贞操。奇怪的是，从此他对女人产生了莫名地恐惧，像躲避蛇一样躲避女人，除非出于某种迫不得已的公务需要。

托马斯矢志不移的精神终于感动了兄妹们。在他妹妹的斡旋下，兄长们答应帮助他逃离古堡。在一个漆黑的深夜，托马斯被装进一个竹筐里，用长绳徐徐从城堡围墙上放至地面。兄长们或许没有想到：他们在洛卡塞卡城堡放下了一位拂逆家族厚望的忤子，而在未来的基督天空却升起了一颗神学新星！

现代实验科学始祖培根

培根（公元1561年—公元1626年）是英国思想家、作家和科学家。这位一生追求真理的思想家，是英国唯物主义和整个现代实验科学的真正始祖。他在逻辑学、美学、教育学方面也提出许多思想。著有《新工具》、《论说随笔文集》等。

培根的哲学思想是与其社会思想密不可分的。他是资产阶级上升时期的代表，主张发展生产，渴望探索自然，要求发展科学。他认为是经验哲学阻碍了当代科学的发展，主张打破“偶像”，铲除各种偏见和幻想，他提出“真理是时间的女儿而不是权威的女儿”。

培根的科学方法观以实验定性和归纳为主。他继承和发展了古代关于物质是万物本源的思想，认为世界是由物质构成的，物质具有运动的特性，运动是物质的属性。培根从唯物论立场出发，指出科学的任务在于认识自然界及其规律。不过，受时代的局限，他的世界观还具有朴素唯物论和形而上学的特点。

启迪人生的经历

人生的转折点

1576年，年仅15岁的培根怀着一展宏图的勃勃雄心离开了剑桥大学三一学院，作为英国驻法国大使埃米阿斯·鲍莱爵士的随员来到他向往已久的法国，开始了他的政治生涯，这是他人生的第一个转折点。

当船离开了喧哗的码头驶进英吉利海峡的时候，培根迎风站在船头向前方眺望。虽然眼前是水天一色，茫无际涯，但他的思绪却早已飞越了海峡，翱翔于欧洲大陆的上空，计划着未来：详尽地考察欧洲诸国的各类事物，结交各地的名流，深入研究各国的政治、法律、宗教、教育、文化、风俗等等，增长自己的政治才干，丰富自己的实际经验……他怀着研究法国、服务于英国的情怀踏上了异国的土地。

到了法国，培根就立即着手实施他的计划。他关注着欧洲大陆各国的政情，特别是法国的政治斗争和宗教斗争，留心搜集各种材料，并用这些材料

培根像

写出了《欧洲政情记》，剖析了党派斗争和宗教斗争的起因和教训，表达了他的政治统一和信仰自由的主张。

不料，当培根在仕途刚刚迈出第一步的时候，厄运降临：他的父亲尼古拉突然病故。这时培根到法国尚不足 3 年，刚满 18 岁。他被迫中止了在驻法大使馆的工作，回国奔丧。

尼古拉在经济和政治两个方面都来不及为培根准备好他所需要的遗产就溘然长逝了，培根顿时陷入双重的困境。培根有同父异母弟兄 5 人，他所得到的五分之一财产不足以维持他原来的生活水平；加之他生性奢华，所以从此以后一直没有摆脱债务的困扰，到他去世的时候，他的财产只值 7 千英镑，而欠债则达 2 万 2 千多英镑。政治方面，他既不能世袭职位，又无权世袭爵位；女王似乎忘记了他，而身为国务大臣的姨父又嫌弃他；他在政治上比在经济上更加艰难。

丧父之后，青年培根面临着又一个人生的转折点。

面对英格兰的冬天和比冬天还冷酷的人世，培根需要精神支柱，这种精神不能来自他人的鼓励而只能来自自身的体验。他想起了希腊神话：当赫扣力斯去解救普罗米修斯的时候，他坐在一个瓦盆里渡过了惊涛骇浪的大海。培根决定自谋出路，专攻法律。21 岁时，他获得了律师资格；23 岁时，他当选为国会议员。但是，这些无权的职位同他心目中的目标相差太远，他又陷入苦闷与彷徨之中。

当然，无论如何培根不会忘记"贤明女王"伊丽莎白曾高兴地称他为"朕的小掌玺大臣"。他直接向女王写求职信，请求女王顾念他父亲的政绩，同情他今日的落魄，信任他的忠诚，赞赏他的学识，而发挥他的才干。延误多年之后，女王终于在 1596 年委任他为女王的特别法律顾问。然而，这个虽然十分荣耀但无实权的职位对于培根来说，仍然是令人失望的。

女王去世以后，其侄儿苏格兰王詹姆士继承了英格兰王国的王位，培根立即获得新国王的宠信。1607 年，46 岁的培根被委任为副检察长；6 年后升任检察长；1617 年，女王的戏言变成了现实，培根当上了掌玺大臣；次年，他又踏上了王国官阶的最后一个台阶，当上了大法官，并获得贵族封号——维鲁兰男爵；两年后又加封为子爵。他终于如愿以偿了。

当人们登上山顶之后，出路就是下山。培根当了三年的大法官，就被国会以受贿罪送进了伦敦塔里的囚室。虽然两天后就被国王释放出来，但他的政治生涯也就此结束了。不过，这对培根和历史都不是绝对的坏事。

令人不解的是，培根的政治生涯竟充满了疑团：为什么作为女王心腹大臣的儿子，作为大权在握的伯爵的侄子，聪慧过人的培根，在长达 27 年的岁月里忠心为女王服务而始终未能得到信任呢？为什么詹姆士国王又特别宠信培根，在 18 年的时间里，不断给他加官晋爵，直达极品呢？为什么经历了种种艰辛才登上大法官宝座的培根不能洁身自好，以致身败名裂呢？人们从世态和伦理方面作过种种分析，都难以解开这些谜。其实谜底就在那个时代，就在培根自身。

“磨镜” 哲学家——斯宾诺莎

斯宾诺莎（公元 1632 年—公元 1677 年），荷兰哲学家。是西方近代哲学史重要的欧陆理性主义者，与法国的笛卡尔和德国的莱布尼茨齐名。

斯宾诺莎像

他是一名一元论者或泛神论者。他认为宇宙间只有一种实体，即作为整体的宇宙本身，而上帝和宇宙就是一回事。他的这个结论是基于一组定义和公理，通过逻辑推理得来的。斯宾诺莎的上帝不仅仅包括了物质世界，还包括了精神世界。他认为人的智慧是上帝智慧的组成部分。斯宾诺莎还认为上帝是每件事的“内在因”，上帝通过自然法则来主宰世界，所以物质世界中发生的每一件事都有其必然性；世界上只有上帝是拥有完全自由的，而人虽可以试图去

除外在的束缚，却永远无法获得自由意志。如果我们能够将事情看做是必然的，那么我们就愈容易与上帝合为一体。

斯宾诺莎提出以实体、属性与样式为中心的自然论唯物主义世界观，具有一定的唯物主义观点，并披上泛神论的外衣，同时又具有丰富的辩证法因素。强调自然界的一切都是必然的，主张“必然性的认识”就是自由。认为感性知识不可靠，只有通过理性的直觉与推理才能得到真正可靠的知识，是唯物主义唯理论的主要代表之一。

在伦理学上，斯宾诺莎认为，一个人只要受制于外在的影响，他就是处于奴役状态，而只要和上帝达成一致，人们就不再受制于这种影响，而能获得相对的自由，也因此摆脱恐惧。斯宾诺莎还主张无知是一切罪恶的根源。对于死亡的问题，斯宾诺莎的名言是：“自由人最少想到死，他的智慧不是关于死的默念，而是对于生的沉思。”他的一生也彻底地实践了这句格言，对死亡一直十分平静面对。

启迪人生的经历

“磨镜匠”的坚守

斯宾诺莎（公元 1632 年—公元 1677 年）生于阿姆斯特丹一个犹太商人家庭里。他小时候进入为犹太教培养拉比的学校学习，以后他上过法国古典语学者安顿办的学校。他的学识很深，颇使家人惊奇，亲戚们都自豪地叫他小先生，毫不吝啬地给他零用钱。他没把这钱浪费在烟草上，而是买了哲学书。有一个哲学家最使他感兴趣，那就是法国哲学家笛卡尔。

通过对宗教典籍、犹太思想家和笛卡尔著作的研究，斯宾诺莎逐渐与正统神学发生分歧。在与同学的交谈中，对正统神学关于神没有形体、存在天使和灵魂不死等教条表示怀疑，认为摩西五书作者在物理学方面，甚至在神学方面并没有什么智慧。这些情况被人报告到犹太人公会，犹太教会的长老找他谈话，以一笔年金为饵，诱劝他放弃哲学，重拾《旧约》，斯宾诺莎拒绝了。于是犹太教长老会正式举行了一个仪式，把他逐出教门。主持这次仪式的首席拉比，正是斯宾诺莎昔日的老师莫泰拉。在当时人们都按宗教信仰生活在各自的社团中的情况下，逐出教门是一种极为严厉的处罚。

24 岁的斯宾诺莎被逐出教门后，他的父亲认为这是家庭的一个耻辱，与他断绝了父子关系，剥夺了他的继承权。他原来的朋友也不再与他来往，甚至有些宗教狂热分子扬言要暗杀他。但他毫不畏惧，依然故我。犹太教会不肯善罢甘休，他们向市政厅提出诉讼，诬告斯宾诺莎是个不信仰上帝的危险分子，要求政府驱逐斯宾诺莎。在这种情况下，斯宾诺莎从容离开了。

从那以后，斯宾诺莎长期在莱因斯堡村居住，靠磨镜片为生。在昏暗狭小的作坊里，他一丝不苟地洗炼、打磨、装配，每个程序都精益求精。而每当他挣够了基本的生活费用，他就收起磨镜片的工具，任思绪在哲学王国里漫游。在那里，他的影响日渐深远，终于引起了世人的瞩目。

有人提出要接济他，他谢绝了。海德堡大学邀请他担任哲学教授，邀请信中写道，保证给他“最完美的思想自由，因为亲王殿下深信他不会滥用这种自由去唤起民众对本国国教的怀疑”。斯宾诺莎在回信中写道：“尊敬的先生，如果我曾有过到某个学府充任教授的愿望，那么，巴拉丁亲王殿下通过您发来的邀请将使我获得极大的满足，而且这一邀请由于保证了思想自由，使我觉得更加珍贵……但是，我不知道这种自由具体的极限在什么地方，所以难以确保不触犯贵国既定的国教……”还有人劝他说，只要他肯将他的著作在出版时声明是献给法国国王路易十四的，就可以得到终生养老金，斯宾诺莎的回答是：“我只将我的著作献给真理。”他淡泊明志，宁静致远，不愿仰人鼻息，宁愿在贫困但是自由的生活中安度一生。

1663 年 6 月，斯宾诺莎移居靠近海牙的伏尔堡，1670 年 5 月移居海牙，继续靠磨镜片为生。制镜虽然解决了斯宾诺莎的温饱，但也销蚀了他的健康，玻璃沫感染了他的肺。1677 年 2 月 20 日，年仅 44 岁的斯宾诺莎因肺病辞世。使当地教士们愤愤不平的是，竟有不下 6 辆宫廷豪门的私人马车陪伴着这个“无神论者”直到墓地。

斯宾诺莎说：“贤达者，其灵魂绝少扰动，他按照某种永恒的必然性认知自身，知神知物，他决不停止存在，而永远保持灵魂的真正的恬然自足！”

他是这样说的，也是这样做的。罗素在《西方哲学史》中这样评价他：“斯宾诺莎是伟大哲学家当中人格最高尚，性情最温和可亲的。按才智讲，有些人超越了他，但是在道德方面，他是至高无上的。”

伟大的探索者康德

康德（公元 1724 年—公元 1804 年），德国古典哲学和美学的创始人，天文学家、星云说的创立者之一。担任过家庭教师 9 年，又在大学任讲师 15 年。在此期间，康德作为教师和著作家，声望日隆。除讲授物理学和数学外，还讲授逻辑学、道德哲学、火器、筑城学等。

康德的“三大批判”构成了他的伟大哲学体系，它们是《纯粹理性批判》、《实践理性批判》和《判断力批判》。

他在《实践理性批判》中说：“有两种东西，我对它们的思考越是深沉和持久，它们在我心灵中唤起的惊奇和敬畏就会日新月异，不断增长，这就是我头上的星空和心中的道德定律。”这句话刻在了康德的墓碑上。

启迪人生的经历

在贫困中奋发

1724 年 4 月 22 日 5 时，德国哥尼斯堡（今俄罗斯加里宁格勒）马鞍匠约翰·乔治·康德家中生下一个男孩。按旧普鲁士历法，这一天是圣伊曼努尔节，虔诚的马鞍匠夫妇依这个含有“上帝保佑我们”之意的节日名称，为儿子取名伊曼努尔·康德。

上帝确实保佑了小康德，使他能够活下来，而且活得非常侥幸！他出生的时候，正是兵连祸结，灾疫流行之年，竟有 60% 的欧洲人死于天灾人祸！其余的人也啼饥号寒，挣扎在死亡的边缘。以手工业为生的康德一家，生活尤其艰难：面包和牛奶对他们来说是一个不可能实现的美梦。嗷嗷待哺的小康德真是生不逢时！

康德像

然而，贫苦的生活并没有使这个虔诚的、具有苏格兰人血统的家庭放弃求生的信念。他们靠着从祖先那里承继下来的吃苦耐劳精神和自己的诚实劳作，顽强地与饥寒搏斗。康德的母亲生怕这个瘦小孱弱的孩子像先前已经夭折的俩孩子一样，在成长中会有什么意外。她总是尽一切可能使他在体力和智力上都得到健康发展，想方设法唤起他的求知欲和想象力；她常常领着小康德到田野散步，告诉他注意那些自然景物与现象，教他识别一些有益的植物，并将自己所知道的一切关于天体构造的知识讲解给他听。小康德所具有的那种惊人的智慧与理解力，常常使他的母亲处于尴尬的地步。

该是上学的时候了。可是，一贫如洗的家境，使做父母的深感为难。要不是教区牧师、神学博士舒尔茨的鼎力资助，也许日后的康德最多只能像他父亲一样，做个合格的马鞍匠。1732 年，8 岁的康德终于走进了哥尼斯堡城唯一的一所官立学校——腓特烈中学。

学校生活并没有给康德带来多少乐趣，这是一所过于强调宗教熏陶，而不注重科学知识教育的学校。它的办学目的是“向学生的心里灌输真正的耶稣教义”。康德对宗教没有多大兴趣，他需要的是真正的科学知识。他反感学校的办学目的，厌恶老师那种教会式的问答教授法，对繁琐的宗教仪式、疲劳轰炸式的传经布道和做不完的祷告，更是深恶痛绝。康德在日后回忆说：“一旦想起幼年时代那种奴隶般的待遇，总觉得浑身战栗，害怕起来。”幼时对宗教的反感，使他在成年后也一直拒绝去教堂听道。正是在那个时候，康德立下宏愿，要用他的行动去推翻他的一位老师曾说过的“我宁愿拯救一个灵魂，也不愿制造一百个学者”的鬼话。

康德没有辜负恩师舒尔茨的期望。8 年的学习，他除了毕业考试名列第二外，每年都名列第一。16 岁的康德升入哥尼斯堡大学，家庭的贫困不允许他的大学光阴付诸东流。他的父亲，非常希望他学有所成，将来做一个传经布道的牧师。牧师这个行当，在虔诚的马鞍匠的想象中，可以说是最好的职业。然而康德没有选择他父亲所希望的神学系。比起那些仅仅为谋生而学习的其他同学来说，他具有更高的精神境界，他选择了众人所轻视的哲学。

引导康德选择哲学的人是仅比康德年长 10 岁的副教授马丁·克努真。他是一个兴趣广泛、既擅长和精通哲学、又对其他自然科学颇有研究的年轻学者。作为康德的老师，他知道这位学生的天赋极高，绝顶聪明，因此，常常把牛顿的著作借给他看。渐渐地，学生看遍了教师那丰富的藏书。同时，克努真也常鼓励他不断进取，努力向上。正是有这样一位值得崇拜的好老师，康德抛弃了中学时的文学爱好，而把在一般看来枯燥无味的哲学作为研究对象。

13 岁时，深爱他的母亲就因伤寒热离开了人世；可怜的父亲虽然勤劳，但也是病魔缠身，自顾无暇。康德常常为了面包而犯愁，有时则挨冻受饿，使他一筹莫展。好在童年时代的贫苦生活，早就像火一般为康德炼出了一颗坚强的心灵。他从父母那里也学会了用丰富的精神力量来解决物质生活的贫乏问题。他经常用一些名言来激励自己：“要使财物受你的支配，而不要使你受财物的摆布。”“不要绕着困难走，而要迎着困难行。”实在迫于无奈的时候，他能想出各种巧妙办法来缓解囊中羞涩的窘态。成绩优异的康德常在课余时间，为那些天赋不高而又偷懒的同学补习功课，并适当收取一点报酬；偶尔也凭玩台球游戏的高超技术，赢一点他老师的小钱。康德讨厌任何人的怜悯，决不收取别人的施舍。本来，当时大学校章规定：“家境贫寒的学生，可以免交学费。”可是康德拒绝了公家的这种津贴。

康德十分爱面子，也很讲究穿戴的整洁，但是，他的衣服常常是破旧不堪的。买新衣服不可能，偶尔必须外出时，便将自己的衣服拿到裁缝店去补缀一番。有时则借用同室学生的衣裤、皮靴，而他的同学就只得整日地坐在房子里。大概是穷则思变吧，他居然还搞了一个让人忍俊不禁的独特发明：用附有弹簧的绷带撑起他那破旧的裤管，以保持裤子的平整。

虽然生活如此艰难，他却毫不犹豫地购置了大量哲学书籍。受生活所迫，1747 年康德从大学毕业后，就去凯瑟林伯爵家做家庭教师了。

古典哲学集大成者——黑格尔

黑格尔（公元 1770 年—公元 1831 年），德国哲学家，德国古典唯心主义的集大成者。他创立了欧洲哲学史上最庞大的客观唯心主义体系，并极大地发展了辩证法。

他把绝对精神看做世界的本原。绝对精神并不是超越于世界之上的东西，自然、人类社会和人的精神现象都是它在不同发展阶段上的表现形式。因此，事物的更替、发展、永恒的生命过程，就是绝对精神本身。黑格尔哲学的任务和目的，就是要展示通过自然、社会和思维体现出来的绝对精神，揭示它的发展过程及其规律性，实际上是在探讨思维与存在的辩证关系，在唯心主义基础上揭示二者的辩证同一。

围绕这个基本命题，他建立起令人叹为观止的客观唯心主义体系，主要论述绝对精神自我发展的三个阶段：逻辑学、自然哲学、精神哲学。黑格尔在论述每一个概念、事物和整个体系的发展中自始至终都贯彻了这种辩证法的原则。这是人类思想史上最惊人的大胆思考之一。恩格斯后来给其以高度的评价："近代德国哲学在黑格尔的体系中达到了顶峰，在这个体系中，黑格尔第一次——这是他的巨大功绩——把整个自然的、历史的和精神的世界描写为处于不断运动、变化、转化和发展中，并企图揭示这种运动和发展的内在联系。"

黑格尔像

在美学上，他提出"美就是理念的感性显现"；强调艺术与人生重大问题的密切联系以及理性的内容对艺术的重要意义。

黑格尔一生著述颇丰，其代表作品有《精神现象学》、《逻辑学》、《哲学全书》、《法哲学原理》、《哲学史讲演录》、《历史哲学》和《美学》等。黑格尔哲学是马克思主义哲学的重要来源之一。

启迪人生的经历

做个成熟理性的人

黑格尔自幼生活在一个生活富裕、处事严肃的家庭。这个家庭虽然不是显赫的上层贵族，但由于家资丰厚，和统治者保持着良好的关系，而且连续几代人都在政府中谋职，所以，过着高于平民的生活。黑格尔的父辈们因此以绅士自居。

特殊的地位决定了特殊的生活和处事方式。这个绅士家庭的每一个成员，都谨小慎微地过着安于现状的本分生活。他们不像贵族阶层那样有恃无恐地对待别人，也不像第三阶层那样对统治者充满了敌意，而是以他们这个阶层独有的行为方式生活着，即严格克己，谨言慎行。对于统治者，他们忠诚而服从；对于下层平民，他们显出有教养的绅士风度。在生活上，他们朴实无华，讲究实际。同时，这也是一个很有进取心的阶层。他们努力向上，既想保住现有的地位，又想有机会得到升迁。正是这种家庭环境，决定了少年黑格尔的为人处世方式。

幼年的黑格尔，相貌平平，瘦长的脸给人以营养不良的印象，低垂的眼皮，使人感觉他好像萎靡不振。他一点也不机灵，缺少精力充沛的孩子应有的活蹦乱跳的生气。任何见过他的人，都不认为这孩子会有什么天分，更不可能想到他还会成为著名哲学家。

1787 年的一天，学校照例举行即将毕业的一届学生的演讲。走向讲坛的中学生个个表情肃穆。毕业演讲的评分，在很大程度上决定他们能否顺利进入大学校园。演讲的题目由学生自己决定，便于发挥自己的长处。

一位神色拘谨、似乎还有几分谦恭的学生在众人面前，念出自己演讲的篇名《土耳其统治下的应用艺术与科学之衰落》时，在座的一位教师不由吃惊地扬起了头。这个名叫黑格尔的学生写过两篇作文《论希腊和罗马人的宗教》、《论古代诗人的若干特征》，给那位教师留下深刻印象。看起来黑格尔对古典文学及希腊、罗马的文化知识有比较深入的了解，一般中学生可是做不到的。令这位教师吃惊，是因为他从未听说过黑格尔对土耳其文化也有研究。

黑格尔在演讲开头，历数奥斯曼帝国不重视科学文化的种种弊病，然后话题立即转向赞扬符腾贝格如何重视文学、科学和艺术，婉转又巧妙地对自己的国家、故乡及学校进行讴歌。

果然，黑格尔的这篇演讲获得在座的校长、学监与教师的一致好评，也由此获得了政府提供的奖学金，他顺利地进入图宾根神学院读大学。

图宾根神学院是培养未来教师与牧师的一座古老学府，有强烈的修道院色彩，学生们不但一律要穿黑色袍服，而且要求学生每天早起就自修，连散步都有时间规定及专门规则约束。图宾根神学院也有体育活动——击剑与骑马，这是当时进入上流社会的人物所必须具备的技能。从此，图宾根神学院出现了一名用功读书，却不太参加击剑与骑马活动的学生黑格尔。

一天，一些同学对黑格尔的埋头苦读颇有看法，就私下里画了幅漫画嘲笑他。黑格尔看到了这幅画，画中的他是一个驼背、撑拐杖的小老头。他宽容地笑了笑没有计较。

他是比较成熟和理性的，他既然能够巧妙地用毕业演讲迎合中学校长、学监们爱被奉承的心态，当然也会老练地处理同学之间的矛盾。

在图宾根神学院，黑格尔只用两年时间就完成了哲学硕士论文。1793 年通过神学博士论文后，黑格尔放弃了成为一名收入高、生活稳定的牧师的机会，宁可当家庭教师，因为他可以充分运用那些主人家的丰富藏书，研究学问，为他最终成为世界知名哲学家提供了思想储备。

共产主义引路人马克思

马克思（公元 1818 年—公元 1883 年），犹太裔德国人，伟大的哲学家、政治家、经济学家、革命理论家，无产阶级的精神领袖。主要著作有《资本论》、《共产党宣言》等。

马克思一生四次被反动政府驱逐，最后在英国伦敦定居并去世。他在伦敦最初十年间，度过了一生中生活最艰难的时期。然而马克思没有被苦难所压倒，几乎每天大英博物馆刚开门，马克思就准时到达这里，如饥似渴地进行学习和研究，直至晚上博物馆闭馆。

马克思积累了非常渊博的知识，他的知识领域包括哲学、经济学、法学、宗教学、逻辑学、美学、政治学、文学、数学、自然科学等。他能阅读欧洲许多国家的文字，能用德、法、英三种文字写作。勤奋使马克思获取渊博的知识，而渊博的知识又是马克思治学的基础。

启迪人生的经历

马克思戒烟

马克思有一段时间吸烟很厉害，经常烟不离口，边工作边吸烟。他曾对人说："《资本论》的稿酬甚至不够付我吸的雪茄烟钱。"

他吸烟就像干别的事情一样，又快又猛。由于经济条件不宽裕，他总是挑比较便宜的雪茄来吸。他吸烟的时候还有个习惯，常将一半烟放在嘴里咀嚼，说这样可以提高烟的作用。

1881 年至 1883 年，马克思的夫人燕妮和长女的相继去世，使他的精神遭受了两次致命地打击，长年累月的过度疲劳和吸烟，使他的身体垮掉了。

他身患多种疾病，如气管炎、肺气肿、胸膜炎、胃病和肝病，医生禁止他再吸烟。

戒烟，对嗜烟成癖的马克思来说太难了，但是为了身体和工作，他还是毅然下决心戒烟。在那一段时间里，他的确没有吸过一次烟，连他自己也不大相信，他居然能成功地戒掉了烟。

马克思的一生是战斗的一生，为了战胜病魔，早日恢复健康，他终于克制住了自己，告别了烟斗和雪茄。

马克思与燕妮的爱情

1836 年晚夏，在波恩大学攻读法律的一年级学生马克思，回特利尔向自己热恋的姑娘燕妮求婚，燕妮就和 18 岁的马克思约定了终身。按照当时的习俗来说，这是前所未有的。

贵族出生、年华似锦的燕妮，被公认为是特利尔最美丽的姑娘和“舞会皇后”，许多英俊贵族青年为之倾倒，求婚者不乏其人，毫无疑问，可以缔结一门荣华富贵的婚姻。但是她却蔑视封建社会和资产阶级社会的一切传统观念，瞒着父母把自己许配给一个市民阶级的子弟，她完全不能预计和马克思共同生活的前途如何。马克思认为暂时还不能在身为枢密顾问官的燕妮的父亲面前正式向燕妮求婚。因此，起初他只能向自己的父亲吐露秘密。他相信，他父亲会在燕妮的双亲面前为一次成功的求亲做好各种准备。

1836 年 10 月，马克思从离家不远的波恩大学转赴离家很远的柏林大学读书，这意味着他们之间要忠诚等待一段漫长的时间。他曾向他父亲坦率吐露说，由于远离摩塞尔河谷，远离他的“无限美好的燕妮”，他已“陷入了真正不平静之中”。困扰他的绝不是什么猜忌心，因为他对燕妮的爱情从未有过丝毫怀疑，只是由于想到不得不和她在漫长的岁月里长期分离，使他感到心情沉重。

于是，18 岁的马克思就执笔写诗，用诗抒发自己的感情和心声。马克思的诗大多是歌颂燕妮和倾吐自己对她的思慕；但其中也有不少是表白自己的思想志愿和渴望有所作为的心情。

1841 年 4 月，马克思提前获得了哲学博士学位。年轻的哲学博士刚到特利尔，就赶忙去他最心爱人的家，把博士论文亲手送到燕妮的父亲的手里。燕妮和马克思在多年分离之后，本来打算立即结婚的。但光有一篇博士论文并不能作为维持生计的基础，因而他和燕妮不得不打消结婚的念头，继续互相等待。从 1842 年 4 月开始，马克思开始为《莱茵报》撰稿，1842 年 10 月，《莱茵报》的股东们委任马克思为编辑，1843 年 3 月，马克思被迫退出《莱茵报》编辑部。接着又与阿尔诺德·卢格磋商了关于共同从事著作出版的计划。此后他才到克罗茨纳赫（燕妮在她父亲于1842年3月去世后就和母亲迁居这个地方），与燕妮举行了婚礼，那是1843年的6月19日。

从他们私自约定终身到结合，燕妮等待了漫长的7个年头。在这7年中，她除了与马克思有过少数的几次相聚之外，就只能从远处用自己的思念和书信陪伴他了。婚礼举行后，马克思和燕妮随即动身作了一次短途的新婚旅行。

马克思与燕妮

1843年10月底，马克思和燕妮一起来到巴黎，同比他们早两个月来到这里的卢格筹办并出版《德法年鉴》杂志。至此，他俩拉开了充满困苦和自我牺牲的生活序幕。

马克思和燕妮共生了四女二子，由于困窘，只有三个女儿长大成人。在这种境况下，贵族出身的燕妮还是深深地爱着马克思，她除了尽母亲和主妇的责任，还担负起了许多其他工作。燕妮是马克思不可缺少的秘书，马克思的几乎所有手稿——其中大部分是很难辨认的——在送到印刷厂或出版社去以前，总得由她誊写清楚。

马克思不是那种轻易在口头上流露心情的人，但当燕妮因母亲垂危离开了他几个月时，他便在给她的信中写道："深挚的热情由于它的对象的亲近会表现为日常的习惯，而在别离的魔术般的影响下会壮大起来并重新具有它固有的力量。我的爱情就是如此……我对你的爱情，只要你远离我身边，就会显出它的本来面目，像巨人一样的面目。在这爱情上集中了我的所有精力和全部感情……我如能把你那温柔而纯洁的心紧贴在自己的心上，我就会默默无言，不作一声。我不能以唇吻你，只得求助于文字，以文字来传达亲吻……"

马克思与燕妮的黄昏之恋更加强烈。1880年，燕妮可能患了肝癌，她以惊人的克制力，忍受着极大的疼痛。在这胆战心惊的岁月，马克思照料妻子，为了让她快活些，马克思于1881年7、8月间，陪着她到法国去看了大女儿和几个外孙。1881年秋天，由于焦急和失眠，体力消耗过度，马克思也病了。他患的是肺炎，有生命危险，但他仍然忘不了燕妮。

1881年12月2日，燕妮长眠不醒了。这是马克思从未经受过的最大打击。燕妮逝世那天，恩格斯说："摩尔（马克思的别名）也死了。"在以后的几个月里，他接受医生的劝告，到气候温和的地方去休养。可是不论到哪儿都忘不了燕妮，止不住悲痛。他写信给朋友说："顺便提一句，你知道，很少有人比我更反对伤感的了。但是如果不承认我时刻在怀念我的妻子——她同我的一生中最美好的一切是分不开的——那就是我在骗人。"

1883年1月11日，传来了大女儿突然去世的噩耗，马克思的病情加重了。1883年3月14日中午，马克思与世长辞了，他被安葬在海格特公墓燕妮的坟墓旁边。

悲观主义者——叔本华

叔本华（公元1788年—公元1860年），德国哲学家。他继承了康德对于现象和物自体之间的区分。不同于他同代的费希特、谢林、黑格尔等取消物自体的做法，他坚持物自体，并认为它可以通过直观而被认识，将其确定为意志。意志独立于时间、空间，所有理性、知识都从属于它。人们只有在审美的沉思时逃离其中。叔本华将它著名的极端悲观主义和此学说联系在一起，认为意志的支配最终只能导致虚无和痛苦。

叔本华像

叔本华认为，世界分为两部分：一方面是表象，一方面是意志。主体是认识一切而不被任何事物所认识的，是世界的支柱，我们每个个人正是这样一个主体。而客体则是我们通过先验的时空范畴去认识的事物，比如我们的身体。

主体和客体共同构成作为表象的世界，故而是不可分的。叔本华认为人们的先天认识只有时间、空间和因果律，而这些东西都只在表象间发挥作用、形成联系，和意志本身无关。感性、知性和意志之间不存在因果关系。所以一切表象的存在都是意志的客体化。他认为一切表象的存在源于两种完全不同的形式，其一是感性和知性，其二是意志。

叔本华是个涉猎广泛的美学家，他对音乐、绘画、诗歌和歌剧等等都有研究。他把艺术看作是解除人类存在的痛苦一个可能途径。他文笔流畅，思路清晰，后期的散文式论述对后来哲学著作的诗意化产生了较大影响。

启迪人生的经历

不做书呆子

叔本华的父亲虽然因经商失败，自杀身亡，但还是给叔本华留下一笔数目可观的财产。

1819 年 6 月，正在途中的叔本华突然收到妹妹的来信。说管理叔本华家财产的银行倒闭了。叔本华要求银行全额赔偿他的损失，由于他的据理力争，银行最后居然完全满足了他的意愿。事后，他忍不住洋洋得意的说："一个人可以成为一位哲学家，但又不必因此成为一个愚人。"

在大多数人看来，哲学家是严肃的，不食人间烟火的。其实哲学家并非都是一个书呆子，一样可以管理好自己的财产，正因为有了这样一笔财产，他才能一生衣食无忧地潜心研究他的哲学命题。

残酷的胜利

叔本华认识了歌德，并受其赏识。但是，并不是所有的人都能够欣赏和支持他的观点。这其中也存在着"马太效应"。

1820 年，叔本华来到了柏林，在柏林大学获得了讲师资格。试讲时，他与同在柏林大学的黑格尔见了面，并且展开了一场争论。争论之后，黑格尔也在叔本华的讲课合同上签了字，于是叔本华就可以正式讲课了。叔本华为了和黑格尔较量，故意把自己的课定在与黑格尔讲课的同一时间。结果却让叔本华感到非常沮丧，听他讲课的学生一直就没有超过三个人，最后他只好撤销了这门课。

正如普朗克曾说过，"按照我的意见，一个新的科学真理不能通过说服他

的反对者并使其理解而获胜，他的获胜主要由于其反对者终于死去而熟悉他的新一代成长起来了”。所以他没有必要沮丧。虽然普朗克的原理有点残酷，但是经常事实就是如此。

悲观主义者的喜剧人生

鉴于《作为意志和表象的世界》第一版的滞销，对于第二版，叔本华决定不要稿费，只要能够出版该书就可以了，而且希望把价格尽可能定得很低。尽管这样，购买这本书的人仍然寥寥无几。

1851 年，作为《作为意志和表象的世界》的补充《附录和补遗》出版了。这本书的出版商布洛克豪斯老是在叔本华的书上赔钱，所以这次干脆拒绝出版这本书，叔本华只好让柏林的一家小出版社来为他这本书做出版工作，他所得到的报酬是 10 本样书。

戏剧性的一幕出现了，这本书出版之后，却引起了极大的轰动，赞誉从四面八方飞来。有的人为他整理编写作品，如尤里乌斯·弗劳恩施泰德编写了《关于叔本华的通信》；有的人为他写传，如威廉·格维纳尔；还有人甚至为他作曲，如瓦格纳把《尼伯龙根的指环》献给他。各种学术机构也纷纷把各种荣誉加到叔本华的头上，柏林皇家科学院准备授予他院士称号，被他拒绝了，并称为“来自不受欢迎方面”的荣誉。

虽然叔本华是一个悲观主义者，但是他的人生中却也不乏这样的喜剧色彩。

宣告 “上帝死了” 的尼采

尼采（公元 1844 年—公元 1900 年），德国人。西方现代哲学的开创者，同时也是优秀的诗人。他最早开始批判西方现代社会，然而他的思想在他的时代没有引起重视，直到上世纪，才激起各种回声。存在主义、弗洛伊德主义、后现代主义，都以各自的形式回应尼采的哲学思想。

尼采哲学在当时曾经被当做一种“行动哲学”，一种声称要使个人的要求和欲望得到最大限度的发挥的哲学。他的哲学具有傲视一切，批判一切的气势。这正是他的哲学被后现代主义欣赏的重要原因。

尼采猛烈地揭露和批判传统的基督教道德，他振聋发聩地宣告：“上帝死了!”是对上帝的无情无畏的批判。尼采认为，在没有上帝的世界上，人们获得了空前的机会，必须建立新的价值观，以人的意志为中心的价值观。

尼采在宣告“上帝死了”后，面临的是传统价值全面崩溃的时代，人如何重新确立生活的意义。尼采正是在追寻这个问题答案的过程中，为了填补信仰和价值的真空，提出了超人哲学，这是关于建构理想人生的哲学。尼采对现代人，现代生活感到很失望。他梦想改善人，造就新的人，即是超人。

尼采像

“超人”形象大致可以概括为：超人是超越自身、超越弱者的人，他能充分表现自己、主宰平庸之辈；超人是真理与道德的准绳，是规范与价值的创造者；超人是自由的、自私的、自足的；超人面对人类最大的痛苦和最大的希望；超人是在不利的环境中成长起来的，憎恨、嫉妒、顽固、怀疑、严酷、贪婪和暴力只能使超人更坚强。

上帝由于过分慈悲而死掉了，超人就是尼采心目中新的上帝。

启迪人生的经历

悲情“超人”

尼采的生日与当时的普鲁士国王威廉四世同一天。由于尼采的父亲曾执教过四位公主，于是他获得恩准以国王的名字为儿子命名。尼采回忆：“无论如何，我选在这一天出生，有一个很大的好处，在整个童年时期，我的生日就是举国欢庆的日子。”尼采学话很慢，他两岁半时才学会第一句话。他老是用严肃的目光注视着一切，老牧师非常喜欢他，经常带着他一起散步。

尼采5岁时，父亲不幸坠车震伤，患脑软化症，不久就去世了。父亲的身影早已刻入他的记忆当中，他希望以父亲为榜样成为一名牧师，因此他时常给伙伴们朗诵圣经里的某些章节，为此，他获得了小牧师的称号。由于父亲过早去世，他被家中信教的女人们——母亲、妹妹、祖母和两个姑姑团团围住，她们把他娇惯得脆弱而敏感。在尼采的成长过程中，虔诚的清教徒母

亲的影响是不容忽视的。他后来终生保持着清教徒的本色，犹如石雕一般纯朴。

1865年，尼采进入莱比锡大学攻读古典语言学，并开始接触叔本华的哲学思想。这些思想后来成为尼采哲学思考的起点。1869年，年仅25岁的尼采被聘为瑞士巴塞尔大学古典语言学教授。1879年，尼采辞去了巴塞尔大学的教职，开始了十年的漫游生涯，同时也进入了创作的黄金时期。

尼采宣告“上帝死了!”和“去找女人吗？不要忘了带上你的鞭子!”等言论得罪了许多人，也根本不被人理解。对于前者，他是为了无情抨击某些腐朽的传统基督教道德；对于后者，罗素在他所著的《西方哲学史》有一段精彩的评论：尼采带着鞭子去找女人，可是，十个女人就有九个会夺去他的鞭子，正因为尼采知道这一点，所以，尼采就躲开了女人，尼采说这段话的目的不过是为了抚平自己曾受伤的虚荣心。尼采的鞭子，其实只是自信和面子的另外一种表现形式。事实上，尼采这个人天性羞怯。因此，他自己无法接近女人。有人认为，尼采其实需要借着“鞭子”来给自己壮胆。这也许就是尼采说出这句话的某一个真实原因吧。

1889年，长期不被人理解的尼采由于无法忍受长时间的孤独，在都灵大街上抱住一匹正在受马夫虐待的马的脖子哭泣，从此精神逐渐陷入癫狂状态。

尼采的不幸还在于他有个崇尚沙文主义的妹妹伊丽莎白。作为一个沙文主义狂热的支持者，她深知他哥哥理论的价值。事实上，一个别有用心的人可以非常轻松地从尼采的著作中断章取义。于是这个妹妹在尼采在世时就一直试图将他打扮为沙文主义分子。但问题是，尼采还活着，可以制止。然而1900年，尼采去世后，事情变得微妙起来。

首先，伊丽莎白手头上有尼采的全部遗稿，包括那部尼采已经放弃成书的《权利意志》。伊丽莎白显然不会放弃这个绝佳的好机会。纳粹执政后，她与纳粹政府便合作完成了《权利意志》。在此过程中，伊丽莎白从《权利意志》遗稿中挑选对宣传纳粹有利的格言，还对一部分格言进行了篡改。由此，尼采的思想被法西斯所利用，成为法西斯主义的思想渊源。

在我国，尼采长期遭到全盘否定，被简单归结为反动的唯心意志论。直到周国平的著作《尼采——在世纪的转折点上》的出版，才把尼采从一个面目狰狞的政治狂人还原成了一个真诚思考人生问题的个性鲜明的哲学家。

科学主义旗手罗素

罗素（公元 1872 年—公元 1970 年）生于英国一个贵族家庭，他的祖父约翰·罗素伯爵两次出任首相。罗素两岁时母亲死去，大约一年后他的父亲和姐姐也相继去世了。祖父祖母承担了抚养他的责任。罗素的祖母具有自由主义政治观点，常教导罗素要反思自己的思想和行为。他没有被送到学校读书，从小由外籍保姆和家庭教师照顾，学习德文、法文、意大利文。

罗素 11 岁时，跟着他的哥哥学习欧氏几何学，当时他只能接受定义，却怀疑公理的可靠性。这种怀疑决定了罗素哲学生涯的风格和目标，即以怀疑主义和谨慎的风格，探求“我们能知道多少以及具有何种程度”的确定性和可疑性。

老年罗素像

1890 年 10 月，罗素考入剑桥大学三一学院，从而进入空气清新、思想活跃的教育园地。在第三学年时，罗素虽以优异成绩通过学位考试，却发誓再也不念这种只注重技巧而不重视基础理论证明的数学了，改学哲学。他立志要像黑格尔那样，建立一套哲学体系，献身于哲学事业。

罗素曾两次访问中国，他对中国的很多方面充满了赞誉之情。作为 20 世纪著名的西方思想家和社会活动家，一生著作达 40 余部，他在多方面的建树深刻地影响了西方世界。

启迪人生的经历

挖到地球那边去

这天，5 岁的小罗素，正在花园里吃力地挖着什么。

鸟语在微风中波动，而小罗素，耳旁仿佛再一次听见了人们不止一次告诉过他的那个关于“地球是圆的”的说法。然而，他不信，他要认真地探求一个早已被证明的真理的真伪：地球究竟是不是圆的呢？于是，他就在花园里挖洞，想看看能否见到地球那边的澳大利亚。其结果当然是可想而知地令他沮丧。

那时，人们还告诉他，当他睡着的时候，天使就在他的身边看护着。他闪着一双迷惑不解的眼睛大声反驳说：“我怎么从来也没有见到过什么天使。”于是，人们就对他说：“你刚刚睁开眼睛的时候，天使们早就飞走了。”这天，他把眼睛紧紧地闭着，佯装睡觉，然后突然伸出手，猛地一抓，但仍然是一无所获。

他就是这样对周围的一切事物和说法持有一种怀疑的态度，怀疑主义的思想扎根在他的心中；像一根绳索，一头系着他的不解，另一头则拴着一个又一个令他捉摸不透的疑问，包括真理、谬误、正义、谎言、美善与丑恶等等。从此，他开始了质疑者、探源者、挑战者的人生征程，并且一直顽强地走下去。

深刻的怀疑精神，牵引着他走向真理，走向 20 世纪西方精神巨人的圣坛。

诗意的坐牢

1918 年初春的一个早上，天气晴好，罗素正在室内洗澡。

这时两个警察奉命前来“拜访”这位反战和平主义者。当来者问罗素发表在反征兵同盟组织《民友》上的一篇文章是不是他所写时，这位 50 岁的书生坦直得只说了一个字“是”，便被押送到了法庭，判处了 6 个月的监禁。

这年 5 月，他 50 岁生日那天，罗素乘坐出租车来到布列斯顿监狱，他为自己失去了一次坐囚车的体验而感到非常遗憾。从此，“2917”号犯人代替了罗素的真实姓名。然而，这位乐天达观的人，并没有把“囚犯”生活看得过于悲哀，并因此而忧郁、苦闷和玩弄人生。在这里，他仍然读书、写作。他的囚室里有桌、椅、床，甚至还有他哥哥的妻子伊丽莎白编织的地毯，布置得舒适干净。

因为他的囚室比一般犯人的大，他还得每月交付 2 先令 6 便士的房租。罗素入狱的第一件事就是去找监狱长，郑重其事地问“拖欠房租有什么处罚”，他说，如果这种处罚是收回囚室，那么他就一分钱也不付。这位在当时已享有盛名的哲学家，虽然身体受到监禁，但心灵却依然在广阔自由的天空飞翔。

他乐观地把这种生活描绘为“就像生活在大海上的一艘定期客船中一样”，每个人都有属于自己的舱位。他似乎把囚室的生活当作了一次海上漫长的旅行，他的生活仍然是那样井井有条，每天4小时用于哲学写作，4个小时用于阅读哲学书籍，4个小时用于泛读其他书籍。他甚至想要试验一下作为宇宙灵性的动物处于幽室禁闭中是个什么状况。所以，他写信请朋友在探监时带一只猩猩来。他与监狱长逗乐，使得那个海尔斯上尉一直吃不准应当怎样对付他这位身为名流的“客人”。

罗素完全不像一个囚犯，他那副总是飘飘然胸无芥蒂的神态，那种乐观的天性，使人反而感到他这时的生活是他追求精神自由的历程中最动人的篇章。请看他在出狱前夕写的一段话：“世界上没有任何一个地方能像在监狱这样使人神思悠悠，一个个意像联翩而至：阿尔卑斯山的清晨，芬芳的松枝覆盖着白雪，高原的牧草闪亮着晶莹的露珠，卡达湖横陈在远远的山外，一眼瞥去，湖水在阳光下跃金泻银，恰如西班牙吉卜赛人那狂放的、笑盈盈的明眸……一切自由的、美好的事物或迟或早地不断涌入我的脑海。”

“既然心灵还是自由的，那么肉体监禁起来又有什么用呢？我虽然身陷囹圄，但却超越了这人生的拘囿，与巴西、中国同呼吸，与法国大革命共命运……在这种种激动人心的漫游中，我已经把此刻世界所陷入的那种牢狱状态忘得干干净净；我是自由的，世界也将是自由的。”

存在主义大师萨特

萨特（公元1905年—公元1980年），法国无神论存在主义的主要代表，杰出的文学家。19岁入巴黎高等师范学校攻读哲学，后任中学哲学教师。1933年在柏林法兰西学院哲学系学习，第二次世界大战爆发被应征入伍，1940年被德军俘虏，次年获释，后参加法国地下抵抗运动。主要哲学著作有《存在与虚无》、《存在主义是一种人道主义》、《辩证理性批判》。

萨特把深刻的哲理带进了小说和戏剧创作，他的中篇《恶心》、短篇集《墙》、长篇《自由之路》，是世界文学名著；他创作了9个剧本，其中《苍蝇》、《间隔》等，在法国当代戏剧中占有重要地位。

1955 年，萨特和终身伴侣波芙娃访问中国。1964 年，瑞典文学院决定授予萨特诺贝尔文学奖，被他谢绝，理由是他不接受一切官方给予的荣誉。1980 年 4 月 15 日在巴黎逝世，法国总统德斯坦沉痛地说："萨特的逝世，就好像我们这个时代陨落了一颗明亮的智慧之星一样。"

启迪人生的经历

独特的爱情生活

1929 年 7 月初的一天，巴黎大学里阳光明媚，百花争艳。大学生们围坐在一起交谈、讨论问题或打闹，一片热闹景象。萨特、尼让和埃博德"三人帮"正在紧张地准备毕业口试的功课。这时，波芙娃走过来了，由于祖父刚刚去世，她身披一件黑色孝衣。在《一位守规矩的姑娘的回忆》中，波芙娃是这样记载她同萨特的第一次会面的："我第一次在索邦看到他时，他头戴一顶帽子，并且正在激动地同一个傻乎乎的、高大的女应考生谈话，样子非常淘气。她很快就惹他不高兴；于是，他去找另外一个更漂亮的姑娘。但这位姑娘摆架子，使他很尴尬。当埃博德对他谈起我的时候，他立即就表示很愿意认识我。对我来说，现在我觉得不跟他在一起就等于丧失时间。在应口试的 15 天中，我们俩只有在睡觉时分离开。"

他们俩一见钟情，情投意合，从此就难舍难分了。波芙娃是一位聪明、漂亮的姑娘，身边不乏追求者。她的表哥雅克当时正热烈地爱着她，尼让和埃博德对她也十分喜爱，但是，她却偏偏爱上了其貌不扬的萨特。在她的心目中，萨特不论从哪个角度看，都是很迷人的，这倒不是因为他的外表，而是因为他的出众的才华和对未来创作事业的执著追求。波芙娃看到，萨特"从不停息地思想着"，而且"多次表示他生来只为着写作"。这对同样也想在写作上成就一番事业的波芙娃来说，是特别有吸引力的。因此，在他们认识的短短的十几天内，波芙娃

萨特和波芙娃

就已下定决心委身于他了。萨特自见到波芙娃后，也深深地被她的容貌和她身上的那种特有的“既有男人的智力又有女人的敏感”的气质所吸引。他感到他永远也离不开波芙娃了。

8月初，当他们都以优异的成绩通过会考，即将毕业分离的时候，他们依依难舍。终于相互倾吐了爱意，并且相约在波芙娃度假的莫里辰秘密会面。

萨特如期赴约，在莫里辰的几天中，他们天天到秘密的约会地点会面。每天清晨，波芙娃就溜出家门，跑去见萨特。他们并肩散步，一路绵绵细语，似乎有永远说不完的话。确实，他们谈的东西实在太多太广泛了。

萨特回到巴黎后，不久波芙娃就来了。她高兴地告诉萨特，她和她表哥雅克的情案已经了结，他们可以公开地相爱了。

当时，萨特要按照法国的法律，到军队服役18个月。于是，萨特迫不及待地向波芙娃提出了“两年合同”：在这两年内，两个人保持最亲近的关系，“两人之间无话不谈……不仅双方中任何一方不得欺骗另一方，而且要不加掩饰地说出一切”。在法国服兵役，每周每月都有假期，服役军人可以在周末或月末回家与亲人团聚。

1931年2月，萨特退役之后，即前往勒阿弗尔市一中学任哲学教员，而波芙娃则被任命为马赛一中学的教员。眼看自己的情人要远行了，萨特主动提出修改原先的“合同”。按照法国的习惯，只要萨特和波芙娃履行结婚手续，他们俩就可以被分配在同一城市工作。但波芙娃不同意结婚。在她看来，结婚只是一种法律上的手续和形式，无须为了迎合这种外在的形式而履行在她看来很不必要的手续。最重要的是两个人已经有了感情，而这一感情究竟能够持续多久，不应受到感情以外的因素，诸如法律、家庭形式之类的干扰。所以，最后他们宁愿让时间来检验他们之间的感情程度。在这前两年，当他们正式订立“合同”的时候，就曾明白地表示：“我们的协议已经变得比最初时期更加亲密和更加不可分；我们之间可以有短暂的分离，但不能忍受长期外出所带来的孤寂生活。人们并不宣誓要求永久性的忠诚，但我们把我们之间可能的分离推到遥远的三十多岁的时期。”这是1929年左右萨特和波芙娃的共同想法。到了1931年2月，即他们分离前夕，这一共同想法仍然没有改变，只是不愿意为了达到在一起的目的就服从法律的约束。就这样，他们暂时分离了。

空间的分离丝毫没有削弱他们之间的关系，相反，愈益使他们相互思恋。

他们的感情发展得越来越深，相互之间都认识到对方“是自己的一面镜子”，也就是说，双方都发现对方的思想感情同自己相吻合。当两个人在一起的时候，双方的思想交融贯通，无话不谈、亲密无间；当两个人不在一起的时候，双方心神间仍然搭着一座无形的桥梁，相互沟通。

他们终生没有按照国家的法律登记结婚，甚至也没有固定在一起生活和居住，他们各自有其自己的小天地，而没有建立一个传统模式的“家”；但是，他们却终身相爱，白头偕老，同甘共苦。共同的事业、共同的理想使他们的心灵达到高度地契合。

揭示人生的真谛

人生的发动机——理想

人生是追求理想的一种运动。但丁说："人生来是为了高翔。"

理想不仅构成个人和人类追求的目标和方向，而且为人们描绘了一个玫瑰色的远方。在那里，自我将得到实现，潜能将得到发挥，人们的手能够触摸到自己努力的成果；也就在此时，人生道路上的疲惫和痛苦，被证明是值得忍受的。

借助于想象和梦幻，理想超越了现实。也许，人们的理想很高很远，而不是简单地返回过去和修补现在，因此也许难以实现，但是，在追求理想这一创造性活动中，人们将赢得人的尊严和创造自己的本质，人生也因此充实而富有意义。

应该说，每一种理想都是自由心灵的精心之作。在理想中，人们尽情地美化未来，自觉地选择和崇尚自己将要委身的价值，并因此获取奋斗的信心和力量。人类价值的向度本来就不多，它们之间的排列组合形成了各种理想的差异性。选择一种理想，便选择了一种想象和梦，同样也就选择了一种价值的组合，因而也就选择了一种人生。

基于政治、经济、文化乃至个人趣味上的原因，人类已有了多种多样的理想模式，当然还将会有更多。每个人都有权利选择自己的理想，只要他的人生道路不妨碍他人的生活。实际上，正是理想的多向抉择才真正揭示出人类价值的多元性和人性的复杂性；甚至，理想观上的悲观主义和虚无主义从特殊的意义上来说，也不失去其对人类发展的意义，因为它显示了人类存在所受到的限制和生存的某些荒谬性。

当然，理想有科学和非科学之分，其依据的价值也有高低之别，科学的

理想应该有现实的根据，而其依据的价值应该属于相当高的精神层次。理想论要驱除人们心灵上的幽暗，激发人的主观能动精神，去占有一切值得占有的价值，实现崇高的人生目标。

寻找人生的“金羊毛”

如果将理想视作每个人渴望的人生终点，现实则就是人生的起点，是生命之舟停靠的岸。

古希腊神话中有个金羊毛的故事：一群英雄告别熟悉的故土，驾着船，战胜大海的暴虐以及自己内心的胆怯，去寻找传说中的金羊毛。这个故事是个原型故事，哲人尼采的“超人”理想即以古希腊英雄为原型。人生便是一次航行，每个有追求的人最终都会超越故土般的现实，去追寻金羊毛式的美好理想，哪怕生活的海洋中风暴不断。理想总在现实的对立面上，理想主义者总把现实评判为痛苦、不幸和匮乏，而作为彼岸世界的理想总是那么欢乐、幸福和充实，就像金羊毛那样金光灿灿。面对理想，便是面对哥伦布船队刚刚发现的新大陆。这里面蕴涵着幻想、梦想，但最终却意味着现实痛苦的解除、不幸的摆脱、匮乏的补充。理想是一种超越，超越的意义就在于对现实不如人意处的克服。

存在主义者萨特便认为，人的存在本是虚无，只有在行动和选择之后才能获得意义。我们每个人都处在现实的社会关系之中，用德国哲人马丁·海德格尔的话说，就是人是被“抛”入这个世界的；但是人性和人的本质却要求我们挣脱现实对我们的束缚和限制。罗素说“如果要使生活成为完全是人的生活，它必须为某种目标服务，这种目标在某种意义上似乎是在人的生活以外的，就是某种目标，它是非个人的和超出于人类的，犹如上帝或真理或美。”这些目标就是未来的可能；上帝或真理或美，也许是最好的可能，因此这也就是理想。在心理机制上，康德有个发现，即未来生活的希望产生于每个人心中存在的情感。

人心甘情愿地追逐理想，“宁愿遭受自由的风暴，也不愿享受奴役下的安宁”（法国革命家罗伯斯庇尔）。动物的生存是本能的，人则是追求着——既满足自己的思想欲望，更追求自己的精神发展。在追求之中，人们看到自己的价值和力量，发现自己作为人所拥有的理性和自由，尼采便在追求中发现自己“更敏感了，更淘气了，对快乐有了更精微的趣味，对一切美好事物有了更温柔的品尝，有更活跃的感官，冒险而又无辜地置身于快乐，同时却又更稚气，百倍地狡黠了”。理想正是以其诱人的自由和美好，展示出人们未来可能的辉煌和光荣。鲁迅在最悲观的时期，还这样说：“我们所可以自慰的，想来想去，也还是所谓对于将来的希望。”

在时间坐标上，理想总定位于未来；它是人们对未来最美好状态的预见和设计。可能，也正如许多理想主义者已经做的那样，就是用五彩笔尽情地描绘理想世界的美好和灿烂。佛家对人生是够悲观的，但他们对其“净土”的描绘非常美妙：“衣服饮食，花香璎珞，缯盖幢幡，微妙音声，所居舍宅，宫殿楼阁，称其形色高低大小，或一室二室，乃至无量众室，随意所欲，应念即至。”这种美化是合理的，其合理性基础不在于人类的胡思乱想和想入非非，而是在于现实正缺少这些美好。就像金羊毛以其对幸福的象征激起希腊英雄们的冒险的勇气，理想也以其美好引导着生活的旅人超越现实去追求明天。

基督教的理想便是个极端，它的天国是超现实的。为此，面对末日审判的是人的灵魂，能够获得拯救的也只是人的灵魂。而不给丑恶和带有泥土味的人的肉身以任何永生和荣耀的机会，并最终确立精神性价值永远的和绝对的至高地位。

类似于“吃什么补什么”的中医原理，理想对现实的超越有着强烈的针对性。在哥特人劫掠下的罗马，满目疮痍，圣奥古斯丁便在此时写下《上帝城》，用精神上的希望填补已被毁灭的物质财富。在“耕战为本”的春秋战国年代，百姓忍受着战争和苛政的痛苦，孔老夫子及其门徒驾着马车，风尘仆仆于中原大地以宣扬其“克己复礼”的理想，力图使当时社会再现他理想中的那种温情和人道。在19世纪末，随着尼采的一声“上帝死了”，欧洲的信仰危机和价值危机被全方位地展示到世人面前，尼采在那时提出的审美人生理想，就要求人们像古希腊的英雄那样，即使人生如梦，也要有滋有味地做这个梦，以不失人生的欢悦和乐趣；即使人生是痛苦，也要有声有色地演好这出悲剧，以不失人生的壮丽和快慰。

人便在这超越现实和追求理想的过程中，创造着进步的自己，创造着进步的人类史。人的本质力量是人理性地控制外在世界的能力，它以人追求理想的形式不断外化；因为理想中新自我和新社会的实现使人的这一创造性力量获得表达。人的历史，不管是个体的还是人类的，便在自身这一本质性力量展现过程中获得进步。当然，理想各具特点，进步也展现出不同的意义和

恩格斯像

水平，但正如恩格斯所言，人的各种追求构成一个平行四边形式的合力，最终推动了历史的发展，即每个追求理想的意志，“都对合力有所贡献，因而包括在这个合力里面的”。

弗兰西斯·培根，英国思想家，也是一位伟大的理想主义者。他喜欢这样一句名言：一艘船越过世界的尽头，驶向未知的大海，船上悬挂着几个字“超越极限”。这艘船就是古希腊英雄们去寻找金羊毛的那艘船，极限指的是现实的界限，而超越正需要借助理想的力量，理想以其可能性消解了对现实的消极默认。

心灵制作的精品

历史上，思想家们曾经为人类的未来社会作了种种设计，他们以其伟大的灵感和高度的热情丰富了我们对未来理想的想象。其著名的，如仅限于西方文明而言，有柏拉图的“理想国”，弗兰西斯·培根的“新大西国”，康帕内拉的“太阳城”，哈林顿的“大洋国”等等。也许，对于这些设计和想象，即使这些思想家本人也无法把握，如古代犹太思想家曾对人间天国作了许多大胆和天才的设计，其实现却总寄希望于弥赛亚式的超自然人物的出现。但是，他们思想的独创性和想象的建设性体现了人类的本质，他们所钟爱的天国、圣岛、乌托邦超越了现实的极限。自然，他们在设计了社会的同时也设计了人，儒家的“内圣外王”便要求仁人志士们以“修身齐家治国平天下”的途径来完善小我和大我。

毋庸置疑，这些思想家对未来社会公正、友爱、和平、富裕和幸福的设计，必须借助富有想象力的心灵。德国哲学家费希特在《人的使命》中便告诉我们：“只有心灵的改善，才导致真正的智慧。”应该说，人类应该为历史上那些伟大心灵的存在而感到庆幸：人的自由首先是心灵的自由。那些伟大的思想家正是以其过人的胆略和天赋捷足先登，预先在理想的世界中畅游了一番，从而为人类发现了现实生活之外的生活可能。

正因为心灵的想象可能赶过事变的自然过程，也可能完全跑到任何事变的自然进程永远达不到的地方，所以，这些伟大的思想家才能在荒原中看到乐园的存在，他们也才会不吝笔墨为这一乐园竭尽歌颂之能事。罗素说："凭着跟不朽的东西相接触，凭着我献身于把一些神圣的东西带到这个烦恼的世界里来，我们甚至于现在就可以使我们的生活成为创造性的，即使在暴虐、斗争和仇恨的四面包围之中也可以做到。"显然，不朽和神圣的东西只存在于自然进程永远达不到的地方，如果我们要超越现实，也就是说要使我们的生活富有创造性，自然需要心灵的想象，需要它的幻想和梦。

马克思认为幻想有助于人性的丰富发展，列宁曾抱怨过，"这样的幻想在我们的运动中未免太少了"。确实，如果说人类是通过理想飞离大地的，那么幻想则是理想的翅膀。在幻想中，现实的种种限制被"悬置"了，人间的种种不幸被"滤去"了。幻想是梦，梦自有其慰藉作用——许多人是"以一个梦游者的自信来走我的路"的。幻想和梦总是最美最纯的，人性的丰富和发展正相对于现实的匮乏，幻想和梦正呈现出理想的完美。就理想具有幻想和梦的特征而言，理想也就具有艺术的特征。德国哲人布洛赫指出，艺术便是一种白日梦，如果现实的匮乏不能被克服，那么在艺术中，幻想性也就不会被遗忘，甚至不会被作为未来形象的欢乐所拥抱。这一点，可从理想主义者大多愿意以诗一般的语言来表达其理想中窥见一斑，泰戈尔便是一个例子。

列宁像

康德说理想是"完善规定之原型"。这一完善是心灵借助想象、幻想和梦精心制作出来的，以至于理想的各个局部和细节都那么动人，那么富有创造性。在《乌托邦》一书中，托马斯·莫尔具体而细微地描述了一个理想社会，其中竟有婚前检查的优生制度以及计划生育制度。当然，作为心灵的制作，理想不可能是可以触摸的物质，而仅仅是语言的表达。具有象征功能的语言是心灵制作的原材料，也许，它对未来的象征性描述会造成远远超出人类能力的过高理想”。但是，“生活在理想世界，也就是要把不可能的东西当做仿佛是可能的东西来对待”（歌德语）。歌德此语可能略显悲观，中国古代则有“取法乎上得乎中，取法乎中得乎下”之论；西方也有此论，如罗素说：“对绝大多数人来说，现实生活是一个持久求其上乘而得其中乘的漫长过程，是理想和可能性之间恒久的妥协……”本来，人的发展同其理想的高低成正比例，恰如《中庸》中所说：“君子之道，辟如行远，必自迩。”

“哀莫大于心死，而人死亦次之。”人如果不放弃他的本质力量，不放弃他的未来，他们也就决不会放弃心灵对理想的追求；在这一点上，并没有唯物和唯心的分歧。“人生最苦痛的是梦醒了无路可走”（鲁迅语）；放弃了对理想的心灵追求，也就放弃了人对未来的想象、希望和梦，世界除了简单的复制将无所谓目标。就这点而言，放弃心灵的追求也就意味着人放弃了自己异于禽兽的理性特征，其意义自然无从谈起。法国作家加缪在其《西西弗斯神话》中对荒谬的人生这般品说：“他的流放无所补救，因为他被剥夺而失去了故园的回忆和对乐土的希望；故园和乐土都可成为人的理想，失去它们也就永远地丧失了生活的理想和目标，人生将被荒谬和无意义定义，心灵也就会为黑暗所笼罩。理想毕竟不是梦想，它可能成为改变现实的强大力量，所以罗素说：“思想的力量，日子长后。毕竟要比任何人的力量都大，凡是有思想的人和想象力能依照人的需要而思想的人，就迟早有可能实现他们的理想，虽然不一定在他们生前就能够实现。”这就是一位理想主义者对自己心灵追求的自信。

人生价值决定于理想抉择

希腊哲人毕达哥拉斯说，人生就像庞大繁杂的奥林匹克运动场，一些人在那里摩拳擦掌，努力夺锦标，一些人在那里做买卖牟利，还有一些人则东逛西荡除了旁观以外无所事事。

理想的抉择，也就是选择自己委身的价值，就像奥林匹克运动场上人选择不同的事来度过同一段时间。恰如美国哲学家宾克莱在《理想的冲突》一书中所说的，一个人在对他能够委身的价值进行探索时要遇到许多竞相争取他信从的理想。理想自然蕴涵着价值，它们或以完整齐全取胜，或以重点突出取胜。总之，各种各样的理想通过各种语词打扮得花枝招展，吸引着我们的视线；试图使我们相信，它所信奉的价值才是健全人的价值。

基督教的理想曾经是西方社会的主流理想，其根本点就是重返伊甸园，回到那“他们将得到欢欣和快乐而忧愁和叹息将消失得无影无踪”的天国。在天国中，上帝的爱和人类的爱到处闪现；每个人都勇于无私地献身，都具有谦恭和负责的美德；战争和凶杀将永远地消失，一切仇怨都得到化解。这是一个巨大的乐园，每个人都能在其中安全和平地生活。至于迷途的人们，上帝及其委派的牧师的惩罚是无情的，恐惧会使他们返回到乐园里。天国崇尚正义、公道、博爱与和平；正是对这些基本价值的信奉，使得基督教天国理想至今仍具魅力，不仅构成了西方社会发展的背景性因素，而且成为无数现代乌托邦的灵感源泉。

出于社会整合的需要，每种文化都有崇尚至善价值的伦理理想。基督教的天国理想为一例，中国儒教的“内圣外王”理想又是一例，只不过它们之间有绝情入圣和缘情入圣的区别。世上也有放弃文明而重归自然状态的理想，如中国老庄的“小国寡民”理想：“甘其食，美其服，安其居，乐其俗。邻国相望，鸡犬之声相闻，民至老死不相往来。”老庄的理想社会是一个原始氏族社会的拷贝和翻版，也许老子和庄子见多了春秋战国时代在仁义旗号下的征战讨伐，从而怀疑道德完善和知识进步对人类生存的意义。“柔能克刚”是老庄的哲思，更是他们在乱世自我保存的生活经验。

理想是对现实的超越，是对现实匮乏和不足的否定，因而追求理想的人一般总要给现实一个否定性的评价；否定得愈是厉害，对人生的看法自然愈是悲观。佛教思想便是彻底否定现实人生的，以它的话来说，就是“三界无安，犹如火宅”。但是佛家也有其理想，那就是无欲无求、无执无著、清净透明的涅槃境界。在那里，人生的烦恼痛苦灭绝了，生因死果中断了，轮回流转解脱了。作为人生烦恼和无常的克服，涅槃就是寂静和永恒，这就是佛家理想的价值取向所在。叔本华这位西方悲观主义大师在自己的文化中颇感孤寂时，曾将热情的眼光投向佛教这一东方的智慧奇葩。根据他的理解，佛教涅槃理想便是要人达到自动克服欲求，处于与世无争的冷漠状态；佛教大小乘虽然在个人彻底解脱还是人类整体解脱上有分歧，但基本价值取向并无差异。固然，我们知道，即使不争和冷漠，这种状态的达到，也是佛教徒们对可能所作的选择的结果，而他们认为这种可能是最好的。

美国哲学家威廉·詹姆斯告诉我们“理想是活的可能”。有具体的环境、具体的人，因而也有了具体的需求、具体的实践。皮尔士、詹姆斯和杜威这些实用主义大师们认为，世界上本不存在普遍价值和共同的理想，特别是在我们这个时代——许多事物需要用“相对”来定义，对统一理想的宗教性笃信已成为一种传统故事，根据进化论“适者生存”的观点，任何价值和理想都应是人类适应环境求得生存和发展的工具。这一观点决定了价值不应从外部强加于人，而应从实践者——他们总处在特定的存在境况中的实际需要中投射出去，就像传统西方人、中国人和印度人根据其不同的价值需要分别选择基督教天国理想、儒教“内圣外王”理想和佛教“涅槃寂静”理想。人类基本价值的排列组合可以构成无数种理想，但人们总是根据其需要选择着理想，选择着他们可以委身的价值。

吐舌头的爱因斯坦

与此相似，爱因斯坦指出“人生是一种冒险”，价值和理想的抉择也是一种冒险。“没有什么科学方法来证明一种理想是对的，而其他各种都是错误的”，因为人的需要是复杂的，受各种各样因素的影响。实际上，世界上也没有一种哲学能够穷尽人类所有的价值尺度，用英国哲学家以赛亚·伯林的话来说，就是“真善美不可兼得”；然而，虽然“每个人眼前都有一个目标，这个目标至少在他本人看来是伟大的”（马克思语）。于是，哲人们告诫我们，每一种理想的实现也许都将是世界得救过程中的一个契机；因此，也可以这么说，人的问题不在于确定什么样的永恒或终极理想，而是不断地冒险和追求，去尝试新的可能和获得新的价值，使自己成为全面发展的人，使自己的人生显示出越来越高的价值和越来越富有魅力的风采，从而使自己对社会的完善、文化的发展做出越来越大的贡献。

人生最美丽的花朵——爱情

万物的统领

爱的体验对人类精神成长的影响是巨大的。中国古代第一部文学作品《诗经》开篇便是歌颂爱情的诗篇："关关雎鸠，在河之洲，窈窕淑女，君子好逑。"

爱情作为一种奇妙的体验，首先表现在它所产生的令人难以置信的力量上。它使人身不由己，整个身心被一种强烈的情感完全支配。历来许多哲人把它称为生命的原动力，古希腊著名的三大悲剧作家之一欧里庇得斯称爱情"是万物的唯一统领"。柏拉图说："恋人的心永远不会舍弃他追求的偶像，他把自己的偶像看得比任何人都重要……过去曾一度引以为自豪的处世为人的准则，如今都嗤之以鼻；并且不论何时何地，只要得到许可，他都会像外人那样静卧在意中人身旁，且挨得越近越好，意中人就是他崇拜的偶像，也是唯一能减轻他的痛楚的医生。"

爱神厄洛斯

这种征服一切的爱的体验，是与人类的生命紧密地联系在一起的。它是生命中一个极重要的构成，使人的平凡的、微不足道的生命具有美的、神奇的感受，使人的生命呈现绚丽的色彩，亦使生命更加丰富、勃发，更富有意义。黑格尔说："爱情构成生命的一个环节，没有这个环节的生命是残缺的。"

厄洛斯是古希腊时代传说中的爱神，当地母该亚在混沌的深渊中诞生时，厄洛斯和她一起出世，从此厄洛

斯便主管着宇宙中各个分开的部分的结合，天地间种种事物的诞生都是由她干预的结果。

在古希腊，厄洛斯有时直译为“爱”，但它的词意介于爱和欲望之间，它是指所有生灵在本性上驱使自己朝着目标前进的任何冲动，并且又特属于人类的结合与占有的冲动本能。柏拉图在对话录《会饮篇》中通过阿里斯托芬之口，以一个寓意深长的神话来解释人类所具有的厄洛斯现象。阿里斯托芬说，原始人是一种“圆球状”特殊物体，他有四只手，四条腿，有观察相反方向的两副面孔，一颗头颅，四只耳朵。由于他比现在的人更强健有力而且更有智慧，因此他们威胁着诸神的霸权。宙斯决定把这种人劈成两半，从而解除了威胁。从此以后，人仅仅是原来的人的一半。在人的身体被分成两半后，人们走遍世界去寻觅那能和他们重新合为整体的存在者。

人是由于其理性而高于动物，从现象来说，人类的爱情并不是停留在生物本能的层次上，它还有社会伦理文化的追求，爱情的自然属性正是以社会属性来规范和调整的。

柏拉图式爱情

自柏拉图开始，情爱就被划分成两种，即高尚的爱和世俗的爱。柏拉图认为并非所有的爱都值得称赞。他认为，“只有那种抱有崇高目的的爱才是既崇高又值得赞叹的。”这种崇高的爱完全出于理智的选择，当在选择他（她）作自己的伴侣时，恋人所想的是忠贞不渝、白头偕老，而不是利用他们、欺骗他们、耍弄或是朝秦暮楚。这样的爱情才能达到心灵的和谐。

纯粹的柏拉图式的爱情是不存在的，即使在最崇高的爱情中也有肉欲的成分。现代英国思想家、政治活动家罗素指出，回避自然的东西只是以最病态的形式加强它的兴趣，因为愿望的力量同禁令的严厉程度成正比。

心心相印是责任

完全被爱的激情所支配、陷于爱的迷狂的人，伴随而来的是对对方的责任。当一方把爱给予了另一方，也就使另一方有了一种责任，同时，接受对方的爱，也就承担了对对方的责任。

爱不仅仅是个体的事情，单相思并没有构成完整的爱情。完整的爱情是互爱，它发生在两个人中间。这样在人与人之间发生了关系，爱的情感是一种与他人相关的情感，即是与他人的生活感受、生命情趣相连的情感，这就必然要与对方产生多种多样的联系。由爱的情感联结起来的与异性的关系，是需要自觉的责任感维持的。人对爱的精神意蕴如果有深入其质的理解，就会意识到爱的责任。

弗洛姆在他的《爱的艺术》中十分明确地阐述了爱的内涵。他指出，爱并不是不学而能，不学而会的。要会爱就要懂得爱的知识，要懂得爱的知识，首先就要懂得爱是什么。弗洛姆认为，人们一贯把爱看成是“被爱”，”看成是“接受”，而不是看成“去爱”，这些人不是立足于自己本身去爱，而是寄希望于别人来爱。针对这种情况，弗洛姆提出，爱是主动地给予，而不是被动地接受。在爱的过程中，一个人将什么东西给予了另一个人呢？弗洛姆认为，给予了他自身之物，给予了他所具有的最宝贵的东西，给予了他的生命。但这并不一定意味着他为另一个人而牺牲了自己的生命。他给予另一个人的是他生命的活力，他给予另一个人的是他的欢乐，他的旨趣，他的理解，他的知识，他的幽默，他的悲哀，给予了他的生命活力的全部表达方式和全部证明方式。这样，在给予他的生命时，他使另一个人富有起来，通过提高自己的生命感。他提高了另一个人的生命感。爱就是心的碰撞，内心世界的交流，并且，是以自己对生命和生活的热爱去燃烧起另一个人对生活的热爱，充实另一个人的生命的。

美国思想家弗洛姆

弗洛姆又指出，这种给予就是关心、责任、尊重和认识。他认为，爱是对我们所爱的对象的主动关注。他认为，照顾和关心包含着爱的另一方面，即责任。责任不是从外部强加于人的东西，是一种完全自愿的行动，是我对另一个人的需要——表达的或未表达的反应。而责任又是与第三个因素——尊重相联系的，如果在爱的过程中没有尊重，责任就会很容易地堕落为统治

和占有。责任意味着尊重，而尊重则意味着关心另一个人，使之按照本性成长和发展。没有尊重就没有爱。尊重就在于尊重他的独立性，希望我所爱的人以他自己的方式，为他自己而不是为着服务于我的目的而成长和发展。爱不是统治，不是占有，爱是把人当人看待，以信任来交换信任。弗洛姆认为，爱还有一个因素，即认识。他认为，没有认识就不可能尊重，没有认识的引导，关心和责任将是盲目的。弗洛姆此处的“认识”有着特定的意义。在他看来，认识就是爱。认识深入到了核心，既发现了对方，也发现了自己。

从弗洛姆对爱的基本因素的分析来看，核心因素就是责任。这个责任可以用弗洛姆的另一句话来表达：爱，本质上是一门意志的艺术，一门决定以我全部的生命去承诺另一个人生命的艺术。可见，爱的责任是一份十分艰难的责任，只有具备这种深重的责任感，才会去真挚热烈地关心和尊重所爱的人。爱使一个人的肩头负起了两个人的命运。

为什么活着——人生目的

上帝留下的未竟之业

法国近代思想家蒙台涅曾分别对亚历山大大帝和苏格拉底进行思想提问的实验。蒙台涅说，如果有人问亚历山大，他能做什么，他一定会回答说“征服世界”。而若把这同一问题考问苏格拉底，他则将会回答“活得像一个人”。这里，蒙台涅给了立下赫赫战功的马其顿国王和最终饮鸩而死的古希腊大哲学家一次对话的机会，而这次对话的意味早已超出了“能做什么”的问题本身，实际上是对人生意义进行一次探索。在这一臆想的对话中，苏格拉底必然要诘问亚历山大：“那么，你征服世界是为了什么呢?”看来，人在行动之前必须先认识人生的真面目，以“活得像一个人”。蒙台涅因此而赞赏苏格拉底的回答是“更具普遍意义、富有影响而合情合理的”。

那么，人怎样才能“活得像一个人”呢？这一看似同义反复的问题其实可以这样提出：人生的真面目是什么呢？几乎自人类具有自我意识以来，这一问题就每每被人追问，也出现了许许多多的答案。然而，这一问题又总是悬而未决，被视为难题。如陈独秀就有这样的感慨：“人生之真相，果何如乎？此哲学上之大问题也。欲解决此问题，似尚非今世人智之所能。”陈独秀不仅把人生的真相问题归结为哲学思考的一个大问题，而且断定就今天人类的智力而言，这个问题是断不可解决的。于是，揭示人生的真面目的问题就很有些知其不可为而为之的味道了。

有趣的是，在这同一问题上，冯友兰先生却作出了一个与陈独秀正好相反的回答。在其著作《一个新人生论》中，冯友兰否定了人生真面目之成为问题的可能。冯友兰以为，人生就是人自己的“举措设施”，人的一举一动都是人生，舍此，更无别的所谓人生之真相。所以，“‘吃饭’是人生；‘生小孩’是人生；‘招呼朋友’也是人生；艺术家‘清风明月的嗜好’是人生；制造家‘神工鬼斧的创作’是人生；宗教家‘覆天载地的仁爱’也是人生。……问人生是人生，讲人生还是人生，这即是人生之真相。”具体的人生就是人生的真面目，如果在这具体的人生之外还要求一个抽象的本质的人生真相，倒有点像那个“郑人买履”的故事了。明明实在而具体的脚就在郑国人自己的身上，他却还要去找寻他的脚的“真面目”，这岂不是本末倒置吗？所以，冯友兰称在具体的人生之外再找一个人生的真相为“骑驴觅驴”。

然而，冯氏并不以为他这么一来就完全化解了人生真相、人生真面目作为问题的存在。他意识到，当陈独秀问“人生之真相，果何如乎”时，陈氏真正所问的并不是人生之真相“如何”——是什么，而是问人生之真相“为何”——为什么。这里，冯友兰感觉到了“人生之真相”这一问题中语词所不能尽的深深的底蕴，这种底蕴实发自人的天性之中。而对于人生的解释，对于人生为什么的回答，可化为两个问题，即人生的原因和人生的目的。其中，前者可以存而不论，人们真正所要问的乃是人生的目的。由是观之，不管对于人生目的本身的看法怎么样，欲揭示人生的真面目，“活得像一个人”，就不得不考虑人生的目的论问题。

冯氏对于人生目的采取相当简慢的态度，他不仅不赞成规定整个自然界的目的论观点，而且不主张对于人生目的的执著或曰积极的态度。冯氏认为生活就是一切，所谓的人生目的则“天机”不可泄漏。而若强说人生有目的的话，那也只能谓人生目的为“生”。“自然而然地去生”是一般人的生活方式，人们并不会去问人生的目的是什么。从“生”之中硬抽出一个人生目的或于“生”之中另找出一个人生目的，反倒是对自然的本来面目人为地破坏。冯氏进而以为，即使没有人生目的，找不出人生之所为，人生没有意义规定，

也完全无碍于自然，无碍于人生的完成。

与冯友兰的自然主义态度相反，人类的天性似乎要求某种人生目的的存在，这种要求常常源于人们对自己的处境的思索。物理学家爱因斯坦就曾深深地被人类的处境所触动，他说：我们人类在这个地球上的处境似乎有点不可思议，我们之中每一个人都只是来此作短暂居住的旅客，我们不知道为什么要来这里，不过有时候我们似乎可以推测确有某种目的存在。爱因斯坦是一位具有极其开阔的思想视野的科学家，他的相对论不仅开创了科学史的新世纪，而且也是对人类思想史的划时代贡献。而就是这样一位伟大的科学家，当他思索人类的处境与命运时，却怀有一种不可言喻的深深的目的论情怀。毫无疑问，这是一种能够感动人的真诚的情怀，一种可以让人肃然起敬的情怀。也许，爱因斯坦的心中所萦绕的是某种对于人的意义的追问，某种可以使人生发亮的东西。

实际上人类大思想家中关心人生目的的人还是不少的，在爱因斯坦之前两百年，法国启蒙思想家卢梭也曾被人生的处境深深触动。在其名著《爱弥儿》中感叹道："所有的人生来都是赤条条地一无所有的，任何人都是注定要死的。做人的真正意义正是在这里，没有哪一个人能够免掉这些遭遇。"在卢梭看来，这是人的生存的遭遇，是人类所无法更改的宿命。但是，卢梭断言，人类可以说是诞生过两次，"一次为了生存，另一次为了生活。"

从"生存"的角度来说，人的出生、人的死亡构成了或者说决定了人的一切，这是做人的"真正意义"。但是，如果真是如此的话，这种所谓的意义本身肯定也是最没有意义的，谁也不会承认人的真面目就在这种无奈的意义之中。因此，相对于"生存"，卢梭以"生活"作为人的第二次诞生。于是，作为一个完整的人，就不仅有肉的诞生，而且还必须有灵的诞生。可以说，人的第二次诞生是人生的意义的诞生，人生的目的的诞生，人生的真正的开端是超越"生存"的"生活"。

科学家的本能冲动和思想家的睿智断言在心理分析学家那里似乎得到了冷静而清晰的解释。美籍德裔心理分析学家、社会学家弗洛姆在《人类的新希望》一书中，分析了人的处境及其寻找人生目的的必然性。弗洛姆声称，人生而为自然之畸形儿：一方面，人是自然的产物，并最终归于自然；但是，另一方面，人的精神、人的意志的存在又使人超越了自然。因此，这一自然的畸形儿不可能听命于生物界所服从的本能原则。但是，人又不能没有使之如有家园之感的行为原则，不然，他就无法逃脱彻底的无助、迷失方向和无根之感，不可能逃脱发疯的命运。人必须去找寻决定行为的种种原则，并以这些原则来代替本能原则。这些原则也就成了人生的方向坐标。

创造人生的华章

创造是人的价值

创造是人类文明的源泉。汤因比在区别原始社会与文明社会时指出：在原始社会里，模仿的对象是当时活着的老一辈人和已经死了的祖先，因为他们代表着习惯的堡垒；而在文明仍在生长的社会里，模仿的对象却是那些打破了常规的富有创造性的人物。汤因比的意思是非常清楚的，文明的产生既取决于创造性的人物，又取决于模仿创造性人物的一般民众。归根结底，文明的源泉是创造。

火是自然界存在着的，但是钻木取火却是人类的创造。正是火，这个人类的创造物，推动了人类从野蛮状态向文明状态的跃进。火药、指南针、造纸术、印刷术的创造发明是中国文明的象征，埃及文明可以用金字塔的创造奇迹来说明。

创造是推动历史发展的根本手段。人类历史发展的动力，从根本上说是生产工具的发展，而生产工具的发展又是以人类的创造为前提的。任何一项技术，任何一项先进发明的创造都与人的聪明才智分不开。所以爱因斯坦曾说，要是没有能独立思考和独立判断的有创造能力的个人，社会的向上发展就不可想象。

世界的面貌正以加速度地变化着。一个半世纪以前，人们才发明了蒸汽机；上世纪初，人们才把飞机送上天，但没有想到仅仅半个世纪以后，人们却创造了卫星、飞船，使“登月览胜”、“蟾宫折桂”的神话变成了现实。

创造是人的存在方式。罗曼·罗兰曾说，生命的第一个行动就是创造。人的降生就是创造的产物，这不是指人的肉体的产生，而是指人作为人的产生。人的肉体存在是不能改变的事实，但是一个人成为什么样的人，却是他自己创造的结果。英雄是自己造成的，懦夫也是自己造成的。存在主义的人

罗曼·罗兰像

的存在先于他的本质之说。在这个意义上是正确的。席勒说人有了大目标才会自然而然地伟大起来。这个大目标就是个人创造力的凝聚，它指出了人们生活的根本方向。

人是从两个方面进行创造的。首先创造出一个属于自己的自然。人没有老虎的利齿，没有雄鹰犀利的眼睛，也没有羚羊奔跑的速度，但人却能够生存下来，没有遭到自然的淘汰，归根结底就是因为人的本质是创造。他创造了一个自己能在其中生活的世界。人煮熟食物，进行烹调，创造出饮食，从而没有利牙，也能够保持健康的体魄；人发明了望远镜、显微镜以弥补人类视力的不足；人们创造出汽车、飞机等来提高人类运动的速度……如此种种，都是人类的创造，它们延伸了人类的肢体，使人类成为最能适应环境的创造物。其次，人类还创造自己精神的、主体的世界。他们创造了社会、历史，在社会中依赖共同的规范，进行交往；在社会中，人成为目的，获得尊严、自由。人们还创造出一个艺术的世界：音乐、绘画、电影等等：在艺术中，人们的精神得到了充分的发展，创造力得到了空前的发挥，它既是创造的结果，反过来又论证了人的创造本质。因此，通过创造，人保持了生命的意义，充实了生命的内容，获得了生命的价值。

创造是独立人格的基础

创造是一种向前开拓的活动，它可以斩断外物，包括外部的精神枷锁对人的束缚，使人真正成为有自主意识的社会存在物。

人当然首先是物质的存在，他要满足自己的物质需要。但生命的意义不取决于肉体的存在，而是依赖于生命精神的不断更新、创造。在生活中，人们拼命地追求物质财富，以为有了宽敞的别墅，豪华的汽车，名贵的服装，活着就有了意义。然而，如果没有创造活动，当他拥有了这些物质财富时，在最初的兴奋后他很快就会陷入无聊、苦闷，对这一切再也不感乐趣。超越物质羁绊并不否定人的生物性存在，并不是对自然生命的鄙视和抛弃。血肉之躯永远是生命的基础和精神的载体。正如蒙台涅所言：“我并不期望生命应该只是不食人间烟火的精神组成。”但他又说：“人类伟大而光荣的杰作就是知道如何恰如其分地生活。所有其他东西，君临天下，腰缠万贯，大兴土木等等，至多也只是微不足道的附属品与支撑物而已。”因此，当我们超越了功利的欲望时，我们才真正地领悟了生命的真谛。我们应当追求精神的生活，这是生命的意义所在。我们正是在创造的过程中，才确证我们的价值，寻到了欢乐和幸福。

真正的人领会到他的本质和潜力，成为创造者，而不盲从权威也不完全受自己的非理性热情主宰。创造者没有狭隘的精神故乡、不变的思想家园。在他们看来，占有等于禁锢。他们看重创造精神的张扬和永存，切实地创造自己。如罗素所说，拥有旨在创造而非占有精神的人自有一种特别的快乐，这种快乐不是任何艰难困苦的环境所能剥夺的。这是世界上所有杰出的思想导师所宣扬的人生哲学。选择了这种人生观的人是无所畏惧的，因为他们认为人生中最可宝贵的东西不是世俗权力所能伤害的。

创造也是人生的自我超越，一个从无到有的过程，它是一种突破。这就要求创造者敢于告别和叛离原有的、熟悉的习惯、思维方式和价值观。如果因循守旧、固步自封，就谈不上创造。创造思想、科技、艺术的前提是创造者的自我创造，超越原有的思想境界，超越原来的那个自我。哲学家康德超越了自己早期遵循的传统哲学的思维方式，把围绕着物、对象旋转的哲学转变为围绕着人这个中心旋转的哲学，实现了哲学上的哥白尼革命。维特根斯坦在其一生中，不仅超越前人，而且超越自我，创造了两套迥然不同的哲学理论。因此，爱因斯坦认为，人的一生应当具备两种素质：孜孜不倦的坚毅精神和随时准备推翻你花许多时间和心血得来的东西。

创造是同勇气与宽容相联系的。一切创造都是发明前所未有的东西，没有前人作为样板，没有现成的道路可供选择。因而创造意味着风险、挫折、失败。这就要求创造者拥有极大的勇气，不怕风险、挫折、失败，执著于自己的目的。创造也是对旧的权威、教条的冲击。往往旧的势力总是对创造横加阻挠。

1600 年宣传哥白尼学说的布鲁诺被宗教裁判所处以火刑。发现人体血液循环的科学家哈维也被教会视为异端烧死。即使在环境较为宽松的时代，创造也常常受到嫉妒、非议、打击。因此，创造是一个艰难的历程，勇气是创

造者必备的人格要素。真正的创造者还具有开放的心态、宽容的精神。在创造自己的世界时，并不排斥其他世界的存在，并且要尽力吸取和利用别人的思想、理论、经验和方法，不然难以成功。创造和专制、独裁水火不容，它本质上是多元的、开放的，尊重他人的创造，同时也维护了自己的创造。

并非成就伟业才称之为创造，实际上创造一个平凡的、美好的生活方式也是创造，并且这种平凡人的创造也推动着文明的进步。它提倡的是对生活的一切领域尝试着采用一种新颖的态度、新颖的方式，以获得新颖的感受、新颖的乐趣。例如一位妇女，没有受过教育，是个典型的家庭妇女和母亲，她每日所从事的家务劳动没有一件能称之为创造性的工作，但她却成了奇妙的厨师、慈爱的母亲、贤惠的妻子和能干的主妇。她在她所从事的事情上，全都运用了她的创造力，力求做到细心、精巧、新颖和完美。这难道不是一种创造吗？所以，马斯洛曾精辟地总结说："第一流的汤比第二流的画更有创造性。"

因此，创造作为人的存在方式及其存在的展开，构成了独立的人格的基础。因为创造是与意志、自由、超越、勇气、宽容紧紧联系在一起的。每个人正是在创造中实现了自我，获得了自己独立的人格，确证了自己的价值。创造的目的，就是要展示一个全新的生命肖像和生活姿态。

规避人生的陷阱

要从这个世界上找出一个一生都一帆风顺的人来，大概是"难于上青天"的了。荆棘确实布满了每一个人的人生旅程。对于每一个涉足艰辛人世的人来说，如果不能正视这些艰难曲折，则人生处处是陷阱。

错误和挫折本身并不是陷阱，《老子》中说："祸兮福所倚，福兮祸所伏。"但得了福不知祸所系，沾沾自喜，不思进取，本来是动力的成就与荣耀就因为自满成了陷阱。

人生路途上可能遇到的艰难险阻并不是陷阱，只要人们发挥主观能动性，可以化不利因素为有利因素。《周易·坎卦》之《彖》辞言："地险，山川丘陵也。王公设险，以守其国。"人间任何艰难险阻在富有创造性的人面前都可转化为促进事业的因素，所以它们不是人生途中的陷阱。

所谓人生陷阱就是指包含着危险但人们以为太平无事的地方，稍有不慎人们在此就可能失败；也指那些对人们很有吸引力的东西，或一般人在一生中常有的趋向，如不加注意，极有可能使人犯错误。孔子说："君子有三戒：少之时，血气未定，戒之在色；及其壮也，血气方刚，戒之在斗；及其老也，血气既衰，戒之在得。"他把好色、好斗、贪财视为人生三大陷阱。显然，孔子并不把人生中"血气"之三种状态本身视为陷阱，而把人们对待它们的态度视为犯错误的原因。这是很有道理的。因为自身及外部世界的情况无比丰富多样、错综复杂，它们对于个体的种种意义完全取决于个体自己对它们的认识和态度。如果缺乏自觉性，完全被外物和自己某种心理状态所支配，那么世界任何一种事物都可能成为人生途中的陷阱。

归根结蒂，陷阱只是指人身上的弱点而言。一个人如果不能正确对待自己的缺点，它就成了陷阱，成了人生征途上的绊脚石；反之，如果一个人加强自己在思想、品德、情操等等方面的修养，能正确认识自己，勇于承认并且努力改正自己的缺点错误，他将是无往而不胜的。包括生理缺陷在内的一切外部不利条件，在一个具有伟大、高尚的心灵和健全人格的人看来，都何足道哉！人最大的依靠、最大的救星是自己，然而人最大的敌人也是自己，人只要能战胜自己，就能战胜一切。

松下幸之助像

开创松下电气公司的松下幸之助先生把自己成功的秘诀归结为如下三点：出身贫寒、学历低下、体弱多病。正是这三个常人认为是极为不利的条件造就了一代"经营之王"。松下幸之助出身贫寒，但他从小就有重振自己的家业的强烈愿望；他只读到小学四年级就辍学了，但他本着"三人行，必有我师"的原则拼命学习；他经常卧病不起，但这磨炼了他的意志，他担心自己的事业不能发达，不能领导潮流，所以经常抱病工作，并且下决心实行松下公司

独特的经营方法。松下幸之助成功的原因，归结为一句话，那就是《周易》上说的“君子以自强不息”。

所以，想要实现自我，创造一个美好的人生，首先是提高知识水平，确立正确的思想方法，培养高尚的道德情操，锻铸健全的独立人格，树立远大的人生目标。总之人需要积极向上的人生态度，唯此人生的航船才能避开一座座暗礁、一道道急流。

然而“人非圣贤，孰能无过”？没有任何缺点，不犯任何错误，不经任何挫折的圣人、超人是没有的。一个人在努力完善自我的过程中，仍然会时时伴随着诸多不足，这就需要细细地省察，逐一克服。

指点人生的智慧

积极进取的儒家

儒家的人生哲学，渗透到中国人的思维方式和行为规范中，比较能代表中国人的民族性格。经过两千多年的发展，它早已成了当今世界几种主要精神传统之一。尽管其中也有“三纲五常”等消极的内容，但是它推崇自强不息的精神、重视气节、讲究礼仪、崇尚仁爱，所有这些都能指引人们去创造一个美好的、卓越的、多彩的人生。

仁者爱人

孔子在建构他的人生理论大厦时，将“仁”当做奠基之石。孔子及其后继者曾经提出过多种道德规范，但“仁”始终处于核心地位。仁是众德之首，众德之纲，它是儒家人生哲学这棵大树的根。

“仁”包含着广泛的内容，既包括礼智义信勇，又包括温良恭俭让，还包括后来的忠孝节义等等。按照《论语》的基本精神，“仁”的核心含义乃人与人之间的相亲相爱。

在孔子看来，人与人之间的相亲相爱的情感就是人之为人的本质所在，它不仅是处理人与人之间关系的准则，而且是处理人与社会乃至人与自然之间关系的基本准则。社会的安定和平，人与人之间的和谐共处，人与自然之间的协调一致，都是靠爱来维系的。这种情感根除任何功利目的，摒弃冷静的理性态度，它完全是发自内心的虔诚，无条件地服从心灵的绝对命令。

如果“仁者爱人”仅止于此，其价值就是十分有限的了。事实上，“仁者爱人”还有更深的含义。孟子说：“亲亲而仁民，仁民而爱物。”“亲亲”，就是爱自己的父母，爱自己的兄弟姐妹；“仁民”就是爱民、惠民、利民、养

民、富民、安民、教民，这和“老吾老以及人之老，幼吾幼以及人之幼”是一个意思。“爱物”是指把人生来就有的相亲相爱的自然之情，推及宇宙一切事物。由亲子顺亲的自然情感出发，最终达到人与人的相亲相爱，人与社会与自然的内在和谐。在儒家眼里的“仁爱”乃是一种主客交融、物我两忘、天人合一的无差别无矛盾的境界。

孔子塑像

当然，孔子并没有抽象地谈论“爱人”。孔子说“爱人”关键在于实行“忠恕之道”。何谓忠恕？“己欲立而立人，已欲达而达人”是谓“忠”；“已所不欲，勿施于人”是谓“恕”。换句话说，为人处世不能仅仅从一已私利出发，光替自己打算。孔子及儒家所提倡的是，为人处世要时时处处替别人着想，自己不愿做的事，就不要勉强别人去做；自己想活得潇洒愉快充实，想干一番事业，就应当想到别人也会有类似的追求，所以要想办法帮助别人与自己一同去努力。

除了内省和外推的办法，孔子还提出了一种“回避”的方法，让人们“非礼勿视，非礼勿听，非礼勿言，非礼勿动。”于是，就有了许多关于礼的规定，如果遵守这些规定就可以保证“仁”的实现，就可以达到“仁”的境界。“礼”本来是一种由人确立的社会秩序、关系和准则，它表现为一定程度的规范性和强制性，这与追求内心自觉的“仁”在形式上是对立的。但是，孔子眼里的“礼”是人的内在本质的外在表现形式。和人的本性是一致的，所以循“礼”而行，并不妨碍人提高人生的境界，相反，循礼而行正是人完善自我道德的必要前提和条件。把内在的自觉的“仁”和外界的强制的“礼”结合起来，相互补充，就可以达到儒家所追求的人生理想境界。

儒家的人生理论确也有幻想的成分，有不切实际的地方。但是，孔子“仁者爱人”的理论确实表达了人类的永恒关切，反映了人类内心深处对爱的渴望，所以不仅在当今中国的普通百姓中，而且在现代西方哲学中，也得到热烈地响应。

自强不息

在孔子眼里“人道”重于“天道”。事情总是人干的，干好干坏责任在人不在天。事在人为，这是孔子为人处世的基本信念，也是他创立的儒家人生哲学的基本特点。孔子把事在人为的信念转化为自强不息、刚健有为的精神，这一精神渗透在他学说的方方面面，又贯彻于他生命之始终。

孔子认为人的天分有高有低，但只要愿意求知，愿意学习，就可以“有为”。只有那些天赋平平，又不思进取者，才是“朽木不可雕”的冥顽。孔子很有自知之明，认定自己是学而知之者，天分并不高，因此，他勤奋好学，学而不厌，不耻下问，善于以别人为师，学习别人的长处和经验，以弥补自己先天的不足。他说，我十五岁立志学习，希望成为道德高尚、对社会有用的人，经过积累和思索，三十岁就确立了对人生对社会的基本见解，四十岁时自己的见解更清晰、更坚定了；五十岁时明白了人之为人的本质所在，六十岁时学问修养更见功夫，好话、坏话都听得进去，不因为人家说好听的而沾沾自喜，也不因为人家说不好听的而生气，这不是麻木不仁，而是把一切都看清楚的冷静；七十岁时，我的一言一行都合乎道德规范，达到了随心所欲而不逾矩的自由境界。这段自述正是孔子自强不息、刚健有为的生动写照。

仁者爱人，这是儒家提出的极高的人生目标：仁人既要克己，又要爱人；既要己立、己达，又要立人、达人；既要“己所不欲，勿施于人”，还要“非礼勿视，非礼勿听，非礼勿言，非礼勿动”，这是否很苛刻呢？孔子认为能不能达到仁人之境界，全靠自己努力，任何人只要依靠主观自觉努力，坚持刚健有为、自强不息的精神，就完全可以达到“仁”的境界，成为仁人。所以孔子说“我欲仁，斯仁至矣”，孟子说“人皆可为尧舜”，荀子说“涂之人可以为禹”，王阳明说“满街都是圣人”，都是对孔子这个“为仁由己”思想的发挥。不仅“为人由己”，而且“人能弘道”，把“仁”弘扬光大，推而广之，也是仁者的责任。孔子的一生就是自我竭力求“仁”的一生，又是他力图以“仁”救世的一生。

无论做学问，还是个人修养，治国平天下，都必须自强不息，自己努力，发挥主观能动性，否则，就会走向反面。“知其不可为而为之”，在孔子看来，

可不可为是客观可能性问题，而为不为是主观态度问题。孔子认定，有志者事竟成，努力了，即使没能达到目的，乐在其中；不努力，坐等变化，就可悲可怜了。

孔子倡导并终生躬行的刚健有为、自强不息的精神，在后儒们的身上多有体现。孟子面对混乱的现实宣称："如欲平治天下，当今之世，舍我其谁?"强烈的责任感、使命感和自信心催生了干一番事业的豪迈。荀子的思想是对老庄自然无为思想的反动，因而比孔子更强调有为。重人不重天，这一点孔、荀一致，但荀子不赞成人适应天，而要使天服从人，"人定胜天"就是他有为思想的集中表述，它与西方的"人是万物的尺度"的思想惊人地相似。孟子把与天地合流视为人生的最高追求，庄子把与天地并生视为人生的最佳境界，荀子则认为，人类生活的最高目标是与天地参。所谓与天地参，就是要人主宰自然，改造自然，"制天命而用之"。孟荀之后，儒家有重大变化，但刚健有为的经世风格没有变，即使宋儒大谈"格物穷理"、"明心见性"之时，仍念念不忘治国平天下的宏愿。

儒家一脉相承、代代相传的刚健有为、自强不息的精神，在中华民族几千年的历史发展中几经波折，不仅显示了儒家人格理想中积极的方面，而且构成了中华民族的民族魂，形成了中华民族的民族精神。《易大传》中"天行健，君子以自强不息"；"地势坤，君子以厚德载物"，从两个方面概括了这种精神的精髓。前者强调刚健有为、生命不息、奋斗不止；后者表明刚健有为并不是恃才傲物、目空一切、天马行空，而是"海纳百川，有容乃大；壁立千仞，无欲则刚"。刚健与宽容，有为与大度的有机结合，是中华民族精神和儒家弘毅进取的人生哲学的真谛所在。

浩然之气

对生的烦恼和对死的恐惧是人类共有的人生体验，这恐惧烦恼一言以蔽之，源于人类自身的有限性。现代西方存在主义哲学家说"烦、畏、死"乃人生基本的生存情态。如何解脱这困扰人的灵魂的烦恼、恐惧之情？佛家叫人割断尘根，道教叫人修炼成仙，儒家的独有方法是：引导人们跳出狭隘的时空限制，沟通有限与无限，与天地合流，个体在瞬息万变、五光十色的现实生活中追求超越的真、善、美，不断提高自己的精神，完善自己的人格，从而实现自己的人生价值。

孟子认为人的本质就是宇宙的本质，因此，人生的最高境界是天人合一，在这个境界里，展现于人们面前的就不再是狭隘的生活视野和短暂的生命流程，而是永恒的、波澜壮阔的生命之流和宏伟、绚丽的人生大舞台。平庸单调、枯燥乏味的生活被丰富多彩、生趣盎然的生活所取代，人生就能趋于无限和永恒。

孟子认为，通向理想人生境界的道路尽管漫长曲折，但任何人只要通过一番艰辛地磨练，靠“养浩然之气”，就可以打破壁垒，完成人格的突变，进入人生的理想境界。

“敢问夫子善乎长？”曰：“我知言，我善养吾浩然之气。”“敢问何谓浩然之气？”曰：“难言也，其为气也，至大至刚，以直养而无害，则塞于天地之间。”（语见《孟子·公孙丑上》）

孟子的“养气”说，实际上是一种锻炼人的意志和身体素质的方法，它是人的某种意志、信念的高度集中和凝聚。此时，人的身心成为意志和信念的凝聚体，而意志和信念也找到自己的物质载体。“养气”就要“先苦其心志，劳其筋骨，饿其体肤，空乏其身，行拂乱其所为。所以动心忍性，曾益其所不能”。也就是说，在逆境中磨练自己顽强的意志，养成大无畏的精神和百折不挠的性格。

其实，“浩然之气”是一种超越情怀。“至大”是对个体渺小的超越，是对个体存在短暂的超越，而“至刚”是对个体意志懦弱的超越。当人们仰望长空，那闪烁的群星似乎在诉说，宇宙茫茫无际，无始无终，地球不过是无穷宇宙间的一粒微尘，而繁衍生息在这颗小小地球上的人类，更是微乎其微，不足称道；自然界的雷鸣电闪、山崩地裂、阴晴雨雪、夏往冬来，又似乎在提醒人们，这世界奥妙无穷，而“人生有涯，其知无涯”；错综复杂、瞬息万变的社会又告诉人们，天有不测风云，人有旦夕祸福……这一切常常会使人感到个体的渺小和卑微。原始人对图腾的崇拜，西方基督教中的原罪观念及对上帝的礼赞，中国古代对“天”的膜拜和祭祀，都是人类自卑意识的外在表现形式。然而哲学家们力图打破人类的自卑，促成人的自强和超越。孟子的“浩然之气”实际上就是希望通过艰苦环境的磨练使个体跃升到一个极高的人生境界，从而根除人类心灵深处的自卑感。

孟子不仅要求人们懂得“小我”的有限与卑微，而且更重要的是让人们树立一种“至大至刚”的精神支柱，“至大”者超越有限，厚德而载物；“至

刚”者刚柔相济，自强而不息。诚然，人的形体和生存空间相对于茫茫宇宙是极其有限的，人的生存时间相对于“逝者如斯夫”的时间之流又是非常短暂的，但是，人的精神力量是无限的。人的精神发展的潜在的可能性是无限的。当人们通过修炼、通过集义、通过悟道，培养出“浩然之气”，就能使人的精神意志实现“至大至刚”，从而超越人的形体和生存空间的有限性，就能越过世间种种精神的和物质的障碍，把过去、现在和未来连成一片，就能与宇宙同呼吸，与人类共命运，变成一个“富贵不能淫，贫贱不能移，威武不能屈”的顶天立地之人。

当代伟人毛泽东的“雄关漫道真如铁，而今迈步从头越”，以及“学不胜古人，不足为学”，“自信人生二百年，会当击水三千里”等等，也是孟子呼唤的“浩然之气”在现代社会中的卓越表现。正因为毛泽东把小我主体的种种局限加以超越，使自己进入了“不管风吹浪打，胜似闲庭信步”的自由境界，所以成为搏击人生风云的强者。

乐天知命

孔子说：“君子坦荡荡，小人常戚戚。”孔子眼里，笑着面对生活还是哭丧着脸打发光阴，是君子与小人的一条分界线。“坦荡荡”迎接生活中的成功与失败、顺利与挫折、所得与所失，是儒家所提倡的人生态度。“乐天知命”便是这种人生态度的高度概括。

乐天知命并非指安于现状，一切都听凭命运支配的麻木不仁的人生态度。这与郑板桥说的“难得糊涂”并非要人做糊涂人一样。儒家的“乐天知命”是提倡一种积极的、向上的、潇洒的、审美的人生态度，它力图创造集真善美为一体的人生境界。

儒家赋予“乐天知命”以丰富的意蕴。“乐天”源于“知命”，不“知命”便无“乐天”可言。“知命”就是理解、践履仁义礼智顺善之心。儒家把实践仁、义、礼、智、信的价值观念视为顺“天命”，即看成为自己必须承担而绝不能推卸的做人的责任。能知天命，就可以做到“仁者不忧，智者不惑，勇者不惧”，把所遇到的贫贱屈辱、艰难困苦看成是对自己信念的考验和对意志的磨练；就可以沉稳处事，宽厚待人；就可以心胸坦荡，宁静淡泊，不为物欲所惑；就会产生惊天地、泣鬼神的巨大精神力量，做搏击人生风云的强者。儒者是这样认识的：如果一个人从根本上理解了仁德乃天之所命，是人之为人的本质，那么他就找到了“安身立命”之处，他就不会产生失落感、忧愁感，不会因为一时一地的得失、成败而烦恼，不会因为社会的动乱、生活的甘苦、个人的荣辱、生命的安危而扰乱自己的人生追求。

乐在“与人同”、“与物同”、“与无限同”。因为在儒家看来，万物只是一个理，这个理融合了人生天地。人心具有了这个天理，就可以达到“仁者浑然与物同体”的境界。摆脱了名利物欲的羁绊，人的心胸就广如天空，阔似海洋，权势地位、荣华富贵就会像天空中的浮云，因此心胸永远是光风霁月。而且“达则兼济天下，穷则独善其身”，——作为一个与天地同体的人，在“达”时就要发奋图强，造福社会，不骄不躁，兢兢业业；在“穷”时则应独善其身，好自为之，努力创造条件以求时来运转。无论“穷”“达”，理想不变，志向不改，希望不灭。

儒家“乐天知命”的人生态度，即使在今天亦有其价值。但“乐天知命”说起来容易，做起来却难。睿智超常的孔夫子尚且“五十而知天命”，世间凡夫俗子大概只有徘徊于知与不知之间。不过，孔子昭示的并不是天命不可知，他希望人们有信心努力去知命。自由是对必然的认识和改造，孔夫子“七十而从心所欲不逾矩”，追求的正是一种自由境界。

忧患意识

儒家不仅喜欢讲“乐”，而且又重视“忧”。把“忧患意识”与“乐天知命”连为一体，是儒家人生哲学的显著特色。就像儒者之乐不同于俗人之乐一样，儒家之忧也与俗人之忧有霄壤之别。

忧患自远古始已成为中华民族的一种普遍心态。只是俗人忧，常常表现为患得患失，畏首畏尾，是所谓“小人常戚戚”。而儒者之忧抛开了个人的恩怨得失、荣辱进退，是忧天下之兴亡、百姓之困苦，忧文明能否延续、风气是否淳正。概括而言，儒家的忧患意识是对世道人心、国家兴亡、人类前途的一种关怀。这种知、情、意统一的心理状态，始终是指向真善美的统一的崇高理想的，只要他们感到这三者还有缺憾，与理想有距离，忧患就不能根除。

孔子是提炼升华忧患意识的第一人。他乐的是个人生活的平淡，知足者常乐；忧的是天下苍生。心怀忧患，往往比别人站得高，看得远，想得深。因此“居安思危”又是孔子忧患意识的题中之意。所谓“忧患”并不仅仅指

面对黑暗、苦难、不幸才产生的意识，相反，即使身处太平盛世，个人诸事顺心，也要看到被人们忽视或潜在的问题、潜在的危险、潜在的不幸的萌芽，不能盲目乐观。这是以天下为己任者的忧患。“安而不忘危，存而不忘亡，治而不忘乱”，“居安思危，思则有备，有备则无患”，这些格言式的教诲，即使在今天仍然具有价值。

孟子丰富和发展了孔子的忧患思想。“生于忧患死于安乐”，这不是吓唬人，而是孟子对人生、对历史全面总结后的结论。无数事实证明，贪图安逸，耽于享受，不思进取，会毁了一个人。出身贫寒，所处环境恶劣的人，往往能在艰难困苦的奋斗抗争中增长才干，磨练意志，变得有出息，有建树。国家兴衰更是如此，历朝开国之时，帝王们都知道江山得来不易，因此励精图治，勤俭建国；而到社会安定、百姓富足的所谓盛世，往往是走下坡路的开始。个体生命的发展，乃至国家兴衰存亡，都与忧患意识密切关联，这是孟子的一大贡献。他的第二个贡献是给忧患意识增添了“民本”思想内容。孟子之前就有爱民思想，就儒家而言，孔子谈得最多的是爱人，但他把侧重点放在道德范围内；而孟子则着重从政治上阐述爱人思想的内涵。“民为贵，社稷次之，君为轻。”得民心者得天下，“忧民之忧者，民亦忧其忧，乐以天下，忧以天下，然而不王者未之有也。”孟子的这些思想对后世影响极大，那些明君贤相，都受到过这个思想的熏陶。

范仲淹像

范仲淹“先忧后乐”的忧患观，在孟子的思想基础上，把忧患意识提到了一个新的高度，使之成为一种崇高的人生境界，显示出儒家理想人格的高尚的情操和无比宽广的胸怀。“居庙堂之高，则忧其民；处江湖之远，则忧其君。是进亦忧，退亦忧。然则何时而乐邪？其必曰：‘先天下之忧而忧，后天下之乐而乐’欤?”范仲淹的思想对儒家的忧患传统有所继承。孔子主张“天下为公”，孟子提倡“乐以天下，忧以天下”。但孟子是对统治者进言，乐与忧相提并论，其忧患的内容必然受到限制；而范仲淹是向士大夫倡导先忧后乐，并且上忧社稷江山，下忧百姓黎民，这是对孟子“穷则独善其身，达则兼济天下”的超越。无论居庙堂之上，还是处江湖之中，都不改其志，做到不以一心之喜忧而忘天下之忧，这种宠辱贬升不计较、进退穷达皆忧天下的忧患观，表现出一种不屈不挠的品格以及为崇高理想而奋斗的进取精神。这种精神已经融入了中华民族的血液里。张载要为“天地立心，为生民立志，为往圣继绝学，为万世开太平”，顾宪成“家事国事天下事事事关心”，顾炎武“天下兴亡，匹夫有责”，鲁迅“我以我血荐轩辕”，都是这种精神的生动写照。被称作民族之魂的鲁迅先生本人就是忧国忧民的典型，他终生致力于国民性的批判和改造，他用自己的呐喊惊醒昏睡着的人们，他把自己的生命变成不灭的火炬，将青年引向光明。可见，忧患意识造成了无数中国伟大人物的光辉灿烂的人生。

飘逸洒脱的道家

道家在很多方面与儒家是对立的，但它与儒家在哲学上却是互补的。如果说从儒家的人生哲学中我们可以得到道德、力量、信心和勇气，那么在道家人生哲学中我们可以得到精神自由、智慧、忍耐和美的愉悦。

返璞归真

今人与古人都一样，都有“回头看我”的瞬间。老子在建构自己的人生理论体系时，也钟情于婴儿赤子，把婴儿状态、赤子之心当做人生最佳境界。

在老子眼里，婴儿令人羡慕。婴儿纯真，无忧无虑，无牵无挂，没有是非、利害、荣辱观念，饿了吃，困了睡，不高兴就哭，高兴了就笑，一切率性而动，随感而发，不做作，不矫饰，真正是跟着感觉走。婴儿尚未受到世俗的污染，内则柔和淡泊，外则天真无邪，保持着自然天性，随自然的变化而变化。因此，“复归于婴儿”，就如同与天地为一，妙不可言。老子认为人世间那众多的人，熙熙攘攘，挤来挤去，为虚名而争，为利益而忙，就像赴国宴，享受山珍海味，咀嚼美味佳肴，又像春天里结伴远足，登高远眺；唯有我纯真得像个还不会笑的婴儿，把这一切名呀利呀，荣呀辱呀，看得很平淡，无所谓，不受诱惑，不去迷恋。

老子骑青牛塑像

在老子看来，这是在任何功名利禄的诱惑时保持内心安宁与平静的重要手段。由于我以婴儿般的混沌态度对待一切，不计较得失，就可以摆脱功名利禄的诱惑，因此，也就感受不到由此带来的不快、烦恼。虽然世人看重灾与祸、荣与辱的差别，但我在内心却不以灾为灾，不以祸为祸，不以荣为荣，不以辱为辱，这样，灾与祸之类还能伤害我的身心吗？

如果说老子所说的婴儿状态，还是简练、平淡的素描，那么他的思想的继承者庄子，在书中对神人、真人、至人的描绘则是一幅浓墨重彩的画卷。神人、至人、真人“肌肤若冰雪，绰约若处子”，风姿绰约，仪态万方，冰清玉洁，如出水芙蓉，如皓月当空，似清泉叮咚；他们“不食五谷，吸风饮露”；他们“乘云气，御飞龙，而游乎四海之外”，腾云驾雾，遨游于仙山琼阁之间；他们不会受到各种灾难的伤害，“物莫伤之，大浸稽天而不溺，大旱金石流，土山焦而不热”。他们能外生死，超利害，齐物我，“不知悦生，不知恶死”；他们漠视人间一切，对成功失败、得失荣辱都不放在心上。

贪生怕死、趋利避害是俗人的主要心态，它使人们的心理和肉体趋于紧张，使人精疲力竭，总之，伤生害体。况且，贪生怕死和趋利避害常常适得其反，事与愿违，人随时可能遇到不测风云，旦夕祸福。所以，凡人总处于无穷无尽的烦恼之中，心灵永无安宁之时。

神人不仅超生死，外利害，而且与天地万物融为一体，神游于四海之外，独与天地往来。道家以此说明，摆脱了种种世俗价值观念的重负和束缚之后，精神不仅能进入没有烦恼、忧愁、痛苦和恐惧的至乐境界，而且能获得绝对自由。

当然，现实社会没有所谓外生死、超利害、齐物我、神游于四海之外的神人、真人、至人，但是在道家看来，人们在思想上是完全可以努力泯灭是非、利害、生死、荣辱等的界限，以获取精神自由。人固然难逃一死，不可能长生不老，但不知悦生，不知恶死，生死如一，视死如归，是完全可以做到的。

老子的婴儿状态，庄子的浪漫想象，实际是给一切在逆境中挣扎的人们提供了一个精神乐园。不仅如此，老庄的幻想，培养、熏陶了无数中国人旷达超迈的心胸和乐观精神。魏晋风度，李白诗歌，苏轼辞章，都深深地打上了老庄的烙印。

回归自然

庄子在《应帝王》中说了这样一个故事：古时候有三个管辖海洋的神仙。一个叫倏，主管南海；一个叫忽，主管北海；第三个叫浑沌，主管南海和北海之间的水域。倏和忽经常到浑沌家里作客，每次都受到浑沌的盛情款待，倏和忽十分感动，很想报答浑沌的深情厚意。怎么报答呢？他们想，谁都有耳目口鼻七窍，唯独浑沌没有，实在不雅观。如果我们给他凿出来，不就好了吗？于是，他们找到了浑沌，在浑沌光光的脸上打凿起来，第一天凿了耳朵，第二天凿了眼睛……日凿一窍，直到第七天，七窍都打凿完毕。但是，他们的好心却办了坏事，浑沌非但没有变好看，反而命归黄泉了。

这个寓言具有许多深刻的涵义。除了其他意义之外，浑沌也可以说是大自然的象征，浑沌之死，实际是告诉人们，人类对大自然的开发和改造最终将毁掉大自然。人类在同大自然作斗争中，曾创造过一个又一个的奇迹，天上的卫星、飞机，地上的汽车、火车，海里的轮船、潜艇，以及每秒运算十几亿次的计算机等等，同时人类也干过不少如同给浑沌凿七窍的蠢事，大自然各种物种之间、各生物圈之间相互依赖、相互作用的和谐一致正遭到可怕的破坏。

古今中外哲学家中没有一家像老庄那样热爱大自然，没有一家像他们那样深刻地、多方面地揭示回归大自然的精神意义和文化意义。在老庄看来，大自然是道之所在，回归大自然就是与道为一；大自然是精神乐园，只有回归大自然，才能逃避世俗社会中尔虞我诈、争权夺利等等丑恶现象和由此造成的无穷的灾难，才能挣脱世俗社会等级森严的宗法主义制度和社会关系的束缚以及专制主义统治的压制，进入一种无差别的、自由的境地，以摆脱尘世的种种纷扰和烦恼，让心灵恢复宁静和清净；只有回归大自然，人们才能达到与天地为一的大同至乐的人生境界，实现宇宙间最高的和谐。回归大自然代表了道家人生的最基本的特征，它是道家所崇尚的各种价值观的集中体

现。回归大自然显示了道家人生独有的情趣、神韵和风貌。

不过，道家的回归自然，并不是遁入深山丛林，不必脱离日常生活和人们不可或缺的社会关系，它强调的是一种心灵上的回归自然。正因为如此，道家人生才显示出特有的通达高雅的风度和光彩。

任性逍遥

追求自由是人的天性。庄子是一个酷爱自由的人，他在两千多年前以哲人的睿智，文学家的想象，为人类描绘了一幅追求绝对自由的浪漫人生画卷：任性逍遥。

自由自在，无拘无束，天马行空，独来独往，与大道同在，与天地为一。真正处于逍遥境界的人，能顺乎自然的本性行事，没有好恶，没有是非，能忘掉利害，忘掉生死，游乎四海之外。为了达到这种精神绝对自由的境界，庄子提出人们必须超越世俗的情趣和追求，做到无己、无功、无名。

无己，指主观上忘记自己的存在，进入物我齐一的境界。这样可以摆脱生老病死、喜怒哀乐等带来的所有感情上的波动，主观情感就能逍遥自得。中国传统美学就从庄子的“无己”中得到了启发，以“无我之境”为最佳。

无功，指不追求功名利禄。在庄子看来，功名利禄使人趣味低下，阻碍人的精神向最高理想境界的发展，只有超越功名利禄，精神才有可能作“逍遥游”。

无名，指忘掉荣辱毁誉等虚名，摆脱由此而带来的一切烦恼、苦闷，这样精神才能摆脱小我的束缚，与大道为一，进入绝对自由的最高境界。

庄子的逍遥游哲学具有多方面的意义，在现实生活中曾经产生了非常复杂的作用。它的明显的出世主义、虚无主义倾向引诱人们脱离现实、放弃争取合法权益的斗争，然而它也能帮助世人树立一种非常豁达超脱的生活态度，以面对生活中非人力所能消除的各种不幸，使他们不至于陷入痛苦的深渊而不能自拔。同时，这个理想的设计，也为后世在统治阶级争权夺利的政治斗争中或为个人私利的、无原则的是非争斗中感到失意苦闷的人们提供了一剂解药，引导他们提高精神境界，摆脱低级趣味。庄子的人生哲学如果向积极的方面去理解，能开拓人的胸襟，净化人的灵魂。以这样的眼光观照人生，什么名誉地位、荣辱进退，都可以淡然处之。

庄子的任性逍遥的人生哲学实际上也反映了身受等级森严的宗法制度之

苦的中国古人对自由的热爱和向往。庄子把精神自由和个人的尊严置于高于金钱、权力、荣誉等价值的地位，并且尽力维护个性、人格、尊严，使它们免遭君主专制主义的摧残。庄子本人视千金、卿相如粪土，宁愿隐居于山野以保全其人格和尊严，不肯为一国之相而俯首听任专制君主的支使和宰制。在庄子眼里，什么都比不上自由珍贵。道家所开创的这种重人格尊严和精神自由的传统，在专制主义肆虐横行的中国封建社会中是相当宝贵的。陶渊明在这种人生哲学影响下不为五斗米折腰，退隐归田，以保护自己的个性和人格尊严不受损害，保持自己的人格清白不受玷污，从而使他有可能发挥具有独特风格的创作才能，写出许多充满自然情趣、田园之乐的诗篇。这些不朽诗篇千百年来陶冶了无数中国人的性情。儒家的理想人格是以天下为己任、先天下之忧而忧、后天下之乐而乐的献身社会的人；道家的理想人格是鄙视功名利禄、不屈服于权贵、维护自己精神自由和独立人格的清介之士。这些不同的人格是人的价值的不同表现，都丰富了中国人的人性。

长生久视

从表面上看，老庄均属无情之人，生和死对他们来说是无所谓的。但是，貌似无情却有情。冰冷的面孔背后隐藏着的是一颗炽热的心。正因为他们对生命有异乎寻常的珍爱，所以才有恢复到婴儿状态的美妙设想，才有浪漫、神奇、超凡、脱俗的逍遥之游，并且由此提出长生久视之说。所谓“长生久视”，就是维持人生的长久。《老子》书第五十九章说：“深根固柢，长生久视之道。”庄子及其后学对此大加发挥，大谈养生、全生、尽天年，除了这些以外还提出了虚静、坐忘、心斋等养生方法。

虚静，是老子的发明。所谓虚静，是指虚其心，静其心。虚静就是摒弃私欲，排除杂念，无思无虑，心灵空明澄静。老子不仅要求做到一般的心灵清澄，而且要“致虚极，守静笃”。在虚空的净度和纯度方面达到极限，越纯越净就越接近于“道”，与道合一，进入婴儿赤子状态。

除了其认识论意义以外，从养生的人生哲学来说，虚静就是要人们“见素抱朴，少私寡欲”。未经染色的丝为“素”，尚未雕琢的木是“朴”，“见素抱朴”的意思是让人们保持人的真性。同时，还要减少各种欲望，这样才没有损害身心健康的忧愁、烦恼，同时也可避免可能会危及自己生命的残酷的争斗。

坐忘，指端坐而浑然忘掉物我的精神境界。庄子在《大宗师》中说："堕肢体，黜聪明，离形去知，同于大通，谓之坐忘。"这就是要求人们做到忘掉肉体的存在，忘掉智慧的存在，不受形骸、知识的约束，达到与大道合一，万物齐同的境界。达到这一境界，人们就不会有什么失落、不幸、痛苦的感觉了，其精神也就会获得彻底地解脱。《达生》说："忘足，履之适也；忘腰，带之适也；忘是非，心之适也；不内变不外从，事会之适也。始乎适而未尝不适者，忘适之适也。"忘掉脚的存在，就会感到鞋的舒适；忘掉腰的存在，就会感觉到腰带的舒适；忘了是非，心里就坦坦荡荡，异常平和宁静；不因外界的变化而牵动内心的变化，无论遇到什么都会感到安适。心性本来是适应自然的，与外物没有不适应的地方，但这种适应并非是有心去适应，而是忘掉了安适与否的安适。

坐忘之法，靠心理上淡化、克制、忘掉来源于外界打击所可能带来的痛苦，也是一种自我宽慰的态度。这种态度，在特定条件下，如病魔缠身或身处逆境但一时又找不到解除痛苦的办法时，是有一定自我解脱的功效，并有益于身心健康的。科学已经证明，一个对疾病持豁达态度的人和一个对此整天愁眉苦脸的人相较，显然持豁达态度更有利于人康复。

心斋是与"不饮酒、不食荤"的祭礼之斋相区别的。祭祀之斋徒具形式，无济于世，只有心斋，才能与道合一。一旦达到了虚，就可以说实现了心斋，就能进入道的境界。此时耳朵不再听到大千世界的各种声音，眼睛不再看到大千世界的各种色彩，意念不再感到内心世界与外部世界的差别。万物与全部意念活动都融化在体内升腾的气的海洋之中，从而进入一种虚寂、混沌、空明、清静的境界，这就是庄子说的心斋。揭开心斋之法的神秘面纱，心斋实际上就是洗涤心胸，净化精神，消除任何欲念，忘掉万事万物和是是非非，达到精神上的虚一而静，最终同化了主客观世界，进入绝对自由的逍遥境界。而后世的养生家从心斋说发展出了中国特有的气功理论与实践。

如果说，儒家的养生术侧重于培养人的豁达超脱的人生态度，那么与儒家有着千丝万缕联系的道教，则把重点放在羽化登仙上。养生是为了长生久视，长生不老。道教不仅直接继承了老庄心斋、坐忘等养生方法，而且还从老庄的思想中挖掘整理、提炼加工出守一、存想、内观、守窍等方法，并以此为基础形成了静心、胎息、采药、炼丹、聚藏、蟾光、化神、婴儿、还虚等一整套养生法。这些方法的共同点是，一反常人普遍遵循的思维方式：你说生命在于运动，我说生命在于虚一而静；你说色香味声等对人体有益，我说这些伤身害体；你说喜怒哀乐爱恨乃人之常情，我说这是困扰人心的恶魔。如此等等，虽有悖常理，但又不完全是谬论。人有七情六欲，这大千世界才变得色彩纷呈，气象万千。但是，也正因为人有七情六欲，人们无限制地纵欲，满足感官之乐，或者完全为喜怒哀乐之情所支配，失去自制能力，这才使得人类的精神的宁静遭到破坏，身心健康受到严重地损害，人的生命活力因此也遭受致命地摧残。所以，老庄及道教理论的着眼点在于引导人们把感官的功能内向，减少或断绝色香味对人的诱惑，减少或克服喜怒哀乐对人体的伤害，创造出一个虚静恬淡的境界，使人的精神生命充满旺盛的活力。同时调动和增强精神注意力和内在生命力，以克服妨碍身体健康的种种心理和生理上的因素。事实证明，老庄及道教的养生方法，确实有强身健体、治疗疾病的奇特功效，而且修炼至一定程度的人，还会获得一种前所未有的兴奋、舒畅、静谧的幸福感。现代科学研究已经对此作了解释。西方精神分析学家弗洛伊德虽不懂坐忘心斋之法，但说过这样的话：人们一旦学会自觉控制自己的意识活动，处于一种与平时不同的静谧状态，不仅能够愈合心灵上的创伤，而且长期锻炼还能激发潜在的智慧。

清静无为

人类生存的自然界，实在奇妙之极。闲花野草，没有人培植它，却在阳光雨露下长得枝繁叶茂；虎豹豺狼，没有人喂养它，却发育得肢体矫健；翱翔于长空的雄鹰，没有人训练它，却敏锐异常；奔腾的江河，没有人挖掘疏导，却能逢山开路，给自己开辟前进的道路；广袤的宇宙，星座繁多，却又秩序井然……这一切在睿智的老子眼里，都显示了奥妙无穷的道。

老子认为天地万物无非是道所生，它们无时无刻不在道的支配下周而复始。大自然的花草树木，鸟兽虫鱼，江河湖泊……因为没有人力的干预才能够自由自在地运动、变化，呈现出一派勃勃生机。人生在世，也应该效法天道，对世事淡然置之，清静无为。

在老子看来，人如果把自家性命看得过于贵重，违反自然地加以保养，或是永无止境追求感官之欲，结果可能会适得其反，损害自家性命；相反，如果不过分看重自己的生命，清心寡欲，事事率性而动，有感而发，顺其自然，反而会延年益寿。而圣人虽然时时处处把自己放在最后，但是反而占先；

把自己生命置之度外，但生命反而得以长保。这就是“无为而无不为”的道理。

对个体来讲，无为在生活上就要淡泊无欲，为人处世就要不争，也就是说不要锋芒毕露，咄咄逼人。对于统治者来说，不能穷奢极欲，好大喜功，骚扰百姓，要让他们生活安宁，使天下太平，做到无为而治。“是以圣人之治，虚其心，实其腹，弱其志，强其骨。常使民无知无欲，使夫智者不敢为也。为无为，则无不治。”在老子看来，如果统治者无为而治，不对老百姓过多地限制，反而会民风淳朴，“我无为而民自化，我好静而民心正，我无事而民自富，我无欲则民自朴。”民风淳朴，自然不会犯上作乱，则天下大治。

无为，曾被一些人解释为束手不为，无所作为，实际上它的真实含义是不要作出违反客观法则的行为，特别是不要按照那些违背、以至于摧残人的自然本性的道德观念（仁、义、礼、智）去做。在老子看来，如果违背法则盲目蛮干，或用各种制度、规范约束自己的自由心灵，那只能适得其反，非但不能达到目的，而且要受到法则的惩罚。进一步说，无为就是不去追求世人所迷恋的世俗的价值观念，如利禄、荣誉、伦理道德等。老庄认为心灵迷恋上这些东西以后，就丧失了其最可贵的本性，即自由。

用现代人的眼光来看无为，其间还有自我定位的问题，人们要有自知之明，不能过分夸大自己的力量。只有对自己有所限制，有个界定，才可以干出一番成就来，什么都想干，恰恰什么也干不成，只有无为才能有所为。人们只有弄清楚自己的专长、个性、缺点，才能明确自己努力的方向，在人生路途中取得成功。

超脱生死的佛家

相传佛教创始人迦毗罗卫国王子悉达多·乔答摩年轻时，目睹了社会上芸芸众生的悲欢离合、生老病死种种苦难凄惨之情景，又受了沙门关于解脱生死烦恼的出家之说的影响，动了修行之念，毅然决定放弃王宫中豪华奢侈的生活，离妻别子，出家修行。他师从阿罗陀等沙门学习禅定，达到了“芦苇穿膝，鹊巢冠顶”的程度，然而未有大成；又修了数年苦行，终无所获。于是在尼连禅河中洗去了六年的积垢，饮用了牧女供奉的乳糜，在菩提树下盘腿而坐，专心思索解脱人生生死苦难之道，终于大彻大悟，得无上正觉，成了佛祖。从此，他开光弘佛，宣扬佛法。可见，佛教初始，佛祖根本的宏愿就是以解脱众生生死烦恼为己任的。

佛祖圆寂之后百年，印度佛教产生了众多的派别，从中又先后形成了小乘与大乘两大教派。小乘教义讲究精密、思辨，致力于生死的事理分析，大乘教则注重融贯、直觉，重在赞仰佛的行果；小乘理论多渊源于释尊的言教，大乘经则从释尊的原始旨意及行为，进窥佛的精神；小乘理论通常流于枯燥与繁琐，而大乘派却保有佛教传统的实践精神，富有感化力。

东汉初年（1 世纪），佛教（主要是大乘教）传入中国并逐渐中国化。而在印度本土，无论是小乘还是大乘日趋衰微，至 13 世纪左右终归于泯灭。中国化的佛教，吸取了印度佛教思想的精髓，采纳了大乘教人皆可成佛以及菩萨救世的思想内容，与中国儒家的入世、道家的出世等传统思想相融合，跳出纯粹一己的个人窠臼，把个人人生的解脱与普度众生观念相结合；同时又趋向于简约化和实用化，强调顿悟成佛或专念佛号往生净土。

无明陷苦海

人生存于现实世界，必定会遇到种种艰难困苦，产生许多烦恼。尽管各人的身世、遭遇、智愚、强弱会有千差万别，但苦恼却是都有的感受。有的痛骨肉之流离，有的怒仇人之侮辱，有的欲火中烧、意愿难遂，有的得意忘形、乐极生悲，有的因细故而家庭失和，有的因失恋而愤然自戕……真可谓：万事劳其形，百忧扰其心。更何况还有一个生、老、病、死，更是人人断难幸免。所以从表象看，现实世界似乎是无可逃避的受难场所，而人生则是苦难的历程。佛教喻之为“苦海无边”。

要挣脱苦海，首先得明白苦从何来，苦的原因与根源是什么。佛教认为，人之所以会觉得苦，直接原因是出于“惑”和“业”。所谓“惑”，是指人们通常习惯于、沉湎于主观的执著妄想，或者为种种世象所诱惑，而不能深入认识、把握宇宙与人生的真实面貌及底蕴，总是为狭隘的“我”所囿，从中滋生出我贪、我痴、我见、我慢四种“惑”，外惑于境，内迷于见。而由此种迷惑所引起的身心活动：口业（言语）、意业（意念）、身业（行为），就是“造业”。“造业”既是一种不明事理、违逆自然人生本质的行为活动，又是此种行为的结果，是日后受难的潜在因子。这种活动熏习日久，愈积愈深，

不可避免地导致种种痛苦烦恼。

佛教认为，世间一切事物和一切现象的生灭变化。都是因“缘”而生，即由与之相关的诸因素相互间的联系、依存、制约，相互间的互为条件、互为因果而发生的。这是佛教宇宙观和人生观的根本理论基础。佛学上称为“缘起”说。释迦牟尼对“缘起”的释义是：此有故彼有，此生故彼生，诸法由因缘而起。用“缘起”理论来考察人生的苦难，就具体演绎出无明、行、识、名色、六处、触、受、爱、取、有、生、老死等十二部分（十二支）与十二种因果关系，即“十二因缘说”。

然而“爱”不是凭空而起，而是源自内外之境刺激的各种感“受”。由这些感受才引发出情绪的波澜，引发出贪、嗔、痴的心理。“受”由三方面的因素结合而成，一是外在的环境，二是感觉器官和意识“六处”（又名六根，即眼、耳、舌、鼻、身、意），三是前两者的接“触”，没有“触”，外在的对象就不会引发感受。

就个体而言，自小到老，从形态到心理都在不断地变化。可人们往往认为没有变化，或者认为仅是形式上的变化；个体离不开社会、自然，个体与社会、自然必定是相互作用的，但人们往往认为自己是遗世独立，仿佛压根儿与社会、自然无关。所以“无明”是智慧的大敌，是一种迷障。由无明衍生出的“爱”，通常是十分的热烈、迫切、紧张、盛炽。“爱”的对象形式各有不同，但往往是出自“自爱”，爱得欲罢不能。被“爱”束缚而无法自拔就陷入了苦。所以，佛经说：“无明为父，贪爱为母。”两者的结合，使人成了苦命儿。

智慧识机缘

按佛教“缘起”理论，任何事物的变迁及生灭代谢必定都和周围的事物互相联系、互相影响，产生息息相关的因果关系，这就是因缘而起，因缘所生。既然如此，事物的运动和变化便是必然的。宇宙间的万事万物，无论是客观的自然现象，还是主观的思想观念；无论是微若芥尘，还是广若宏宇；无论是简单的微生物，还是复杂的人类社会，都在时时刻刻地运动、生灭和变化着。所以世界会有“成、住、坏、空”，生物会有“生、老、病、死”，思想会有“生、住、异、灭”。这一系列的发生、发展（住和异就是发展，住是互相适应的发展，异是互相矛盾的发展）、消灭的过程，只要人们仔细观察，都不难觉察。由此佛教得出结论："诸行无常"，即任何事物和现象都在无止境地运动流转，不可能恒常不变。《金刚经》说："凡所有相，皆是虚妄。""虚妄"亦即"空"，但"空"不是虚无，不是没有，不是全然的否定。前生后灭，前灭后生，连绵不断，是实际存在着的，"空"就寓于这实际存在（有）之中。故《心经》上说："色（物质现象）即是空，空即是色。"佛所要揭示也希望人们觉悟的就是变幻无常的现象背后隐藏着的"空"这个本质。

在佛教看来，人的身心个体及生命活动都是互为缘起的组合。在六根（眼、耳、舌、鼻、身、意）中，前五根是生理组织，是感觉器官，"意"则属心理。"意"要通过眼、耳、舌、鼻、身才能显示作用，产生知情意等心理活动；而眼、耳、舌、鼻、身等则要在"意"的统摄下才得以发挥生命活动的功能。

从认识论角度而言，佛教认为，心因物而有，物因心而显，心中容物，物处心中，心外无物，物外无心，心物是不二的。在此意义上，人的生命活动也可被视为认识主体和认识客体的结合，是心物共存一体的活动。然而，人却往往把主体和客体割裂开来、对立起来，认为有一个可以脱离外物、在认识和行动上完全独立的"我"，同时还有一个可以离开人的认识的"客体"。佛教说这样就产生"我执"和"法执"，或主观生出诸多妄想，或孜孜追求虚妄的物质利益而不能自拔。"无明"之蒙昧恰恰就在此。故而，贪、嗔、痴等无尽的烦恼会接踵而来。既然宇宙间的万事万物都离不开人的心识，那么人生亦然。因此，只有"空"才是宇宙人生的本质所在。"空"就体现在万物流变，互为缘起，心物一体之中。正所谓："云散水流去，寂然天地空。"佛教就是以这样的世界观、认识论学说作为推行他们的人生观的工具，企图以此扫除人们的"迷障"，启迪人们的智慧和觉悟，引导人们走上一条佛教人生之路。

见性能成佛

找到了人生苦恼的原因、根源，又了解了宇宙、人生的本质，就有可能去灭绝苦源，跳出生死轮回，进入解脱之境。这是一种永恒寂灭的境界，佛教称为"涅槃"。据说，佛祖释迦牟尼正是端坐在菩提树下四十多个昼夜才体悟了这一切而达到"湛然寂静"的妙境的。可见，要真正进入灭苦和涅槃的境界，不是轻而易举之事。因此各派佛教提出了许多理论，为人们指点迷津。

早期的小乘佛教认为，人的欲念及“无明”妄见熏习过久，加之世俗生活更难脱离苦海，故十分强调出家修行。如以削发剃度、严守戒律、禅定等方式获取个人的解脱。

尽管修行方法五花八门，实际上可以概括为戒、定、慧三学：戒（正语、正业、正命），定（正定、正念），慧（正见、正思维、正精进）。戒者，从人的身、口、意活动入手，严加警戒，不造恶业，专修善业，以对抗和逐渐消除积习已久的私欲妄行；定者，以戒为基础，使自心归于平静和净化，不轻易为内在的欲念、外在的环境所诱惑；慧者，是由定而起的智慧，可以消除愚昧的无知妄行，去直接观照本性自在的涅槃真如妙境。

小乘教重在戒定以求个人痛苦的解脱，大乘教则重在开发智慧而达到涅槃妙境。

大乘教在小乘阐发的佛理的基础上，提出“六度”、“四摄”。所谓“六度”，即布施、持戒、安忍、精进、禅定、般若（即智慧）；“四摄”即布施、爱语、利行（利益众生的行为）、同事（与众生共同行动）。可见，大乘教已从个人的解脱推进到帮助他人、普度众生的行动。

但是，大乘首先强调的是“开悟”。它认为世间的一切归根结底离不开人的心识，人世间的苦也是如此。苦，实际上只是人心的一种感受，是由个体的自心分别造作出来的。如果一个人不怨憎，便不会有怨憎相会之苦；不贪恋，便不会有失恋失意之苦；不造业，也不会有生死流转之苦。所以，感受到人生乐少苦多，认识人生本苦是远远不够的。事实上，人心的本性原本就是寂静的，即与佛性的涅槃寂静无二。人们之所以会有种种苦恼，就是由于心念妄动而生起的迷乱妄惑导致的。佛经说“心本无生因境有”，心本无生，指本性的寂静，而人往往不能体悟这种寂静的妙境，却被心内外的各种幻相所左右所迷恋，因而滋生出无尽的烦恼。

根据大乘教义，要真正解脱人生的苦难，获得自由，不能被动地修行灭断。连绵不尽的烦恼如何灭得尽断得了？而应主动开发智慧，转迷为觉，明心见性，常住真心，从根本上体悟到生死烦恼本为虚幻，这才可能彻底地解脱生死流转及世间的一切苦厄。这就是所谓的“见性成佛”。大乘教的这一思想，为中国佛教的禅宗所吸取和发展，并被发挥得淋漓尽致。

佛经说：“故众生本来成佛，生死涅槃犹如昨梦。”人人本来都是佛，为何还要刻意修行成佛呢？就是因为芸芸众生不能充分意识这一点，故为生死苦恼所缠而叫苦不迭。所以，最重要的是要亲身去感受去体悟，而不是借重逻辑理论上的推理与认知。“纸上得来终觉浅”，何况各人具体的苦恼并不相同，其对人生真谛——佛性体悟时的情境亦各相异，因而他人的语言、文字，逻辑上的表达通常是无法直截切入或替代自己的实际感受和切身体验，至多只能起某种启发作用。真正的觉悟唯有通过人们各自的直觉体验。

体悟必须用心，用全身心。它不是一句“万事皆空”或纯粹念念佛号就行的。禅宗提倡的体悟，不仅包涵禅定的内容，努力保持心绪宁静状态，而且特别强调心物一体，以自己的心直接体验生活、体验人生、体验世界，并把握永恒。所以，与佛性相通的淡然寂静之妙心即平常之心，关键是能否深切领悟。

佛禅强调佛在心中，不假外求。因此它通常摒除“知”这样的逻辑思维和理论论证，甚至摒除生死轮回见解，出现呵佛骂祖，砸碎偶像等举动。佛禅史上此类故事多不胜举。据说慧海初习禅时，曾为求佛法去江西参拜禅宗大师马祖道一。马祖说：“自家宝藏不顾，抛家散走作什么？我这里一物也无，求什么佛法？”慧海不明白，又问：“阿那个是慧海自家宝藏？”马祖说：“即今问我者，是汝宝藏。一切具足，更无欠少，使用自在，何假向外求觅？”“汝等诸人，各信自心是佛，此心即是佛心”，“心外别无佛，佛外别无心”。慧海至此开悟。

马祖道一特别强调“平常心是道”。“只如今行住坐卧，应机接物，尽是道。”平常之心是和“行住坐卧”等平凡的日常生活密切相关的，故尤为注重对日常生活的体验，强调顺其自然，“随流去”，热就热得痛快，冷就冷得彻底。从最普通、最平凡，甚至粗鄙的细微事件中去领悟佛性，体验永恒，把握宇宙人生之真谛。有一位教师请教慧海：“和尚修道，还用功否？”慧海答：“用功。”教师又问：“如何用功？”慧海答：“饥来吃饭，困来即眠。”教师说：“一切人总如是，同师用功否？”慧海说：“他吃饭时不肯吃饭，百种须索，睡时不肯睡，千般计较，所以不同也。”后期禅家临济宗也总结道：“佛法无用功处，只是平常无事，屙屎送尿，着衣吃饭，困来即卧。”由此可见，最高深的道理，就寓于最平凡最浅近的事物与人生之中。佛禅强调在日常生活中体悟佛性，就是要直接去把握人的生命内核，深切体验心的静穆、充实、自由。

禅宗认为世界的一切都体现着佛性：“青青翠竹，尽是法身；郁郁黄花，

无非般若。”所以他们对大自然也怀有一种特殊的亲切感，希望人生就如旷野幽谷、青山白云、晓风晨月、艳阳碧草、电闪雷鸣一般泄畅胸臆，在坦然、自然、多变而生动的生活之中获得永恒。

佛性在人间

小乘教强调出家出世，修戒苦行，求的是个人的生死苦恼解脱。然而这种尽可能逃避俗世的纷扰，严格规戒自身的禁欲苦行，在一定程度上说是被动消极的，甚至有违人性。何况，究竟能否完全断灭烦恼，还值得怀疑。因而后起的大乘教尽管不排斥一定的戒律、修行和禅定方法，但十分强调心的觉悟，即自心上的戒、定、慧。它认为，自心能清净无染，便是戒；自心能时时寂然不动，便是定；自心能观照无碍，便是慧。禅宗六祖慧能亦说：“我此法门，以定慧为本。第一勿迷言定慧。定慧体一不二。即定是慧体，即慧是定用。即慧之时定在慧，即定之时慧在定。”强调的都是心的觉悟。

同时，大乘教又十分强调济人利物救世的思想。具体而言，一是已经觉悟而入涅槃，依然留在人间以拯救众生的菩萨观念；另一是人人皆可成佛的思想。所以，大乘强调的是入世而不是出世，强调的是在自身觉悟基础上帮助启发他人；在乐助他人的同时坚定地扩展自己的觉悟。认为只有这样才能得以彻底的人生解脱。换言之，自觉并觉人，利他又利众生是互为因果、相互促进的。这是个体完善自身并取得解脱和自由的根本途径。明心见性虽然可入佛境，但未必能成正果，还必须不断加以维持和巩固。而最有效地巩固方法无非是在世俗社会的生活与活动之中，通过利他的服务去磨练和经受考验；另一方面佛教认为“佛出人间”，佛性就寓于世俗之中，佛性实际上就是人性的净化及高度升华。所以，佛不能离开人世间，而个人也不能脱离现实生活和社会群体。由此，个人成佛从佛教关于心物一体、人我一体的角度来看，自己的开悟，并启发他人转迷为觉，多行善事，乐于助人，服务社会，实际上也就是智慧勃发、活泼自在的佛性体现。

对于生死问题，儒家通常是持回避态度，不予以正面回答。孔子说：“未知生，焉知死？”只是启发人去思索而已。道教则以炼养精神、食服仙丹求长生不死，但最终未能逃脱寿终正寝的归宿。而佛教则以生死轮回、因果报应、涅槃解脱等教义为世人提供答案，给人们指引解脱途径。

大乘教在中国之所以站得住脚，并转化成中国佛教，是因为它的观念与中国传统文化观念以及中国人的生活态度在许多方面是声气相通的。它的入世思想与中国儒家历来倡导的经世致用思想相合拍；它的人皆可成佛思想与中国儒家宣扬的人皆可为尧舜的观念相合辙；它的直指人心、不立文字、见性成佛又与中国儒家“尽心知性”及务实性格相吻合；而佛教各派都提倡的禅定修行方式以及“清净”等观念又与中国道家的“静观玄览”、“坐忘”、“清净自然”等契合。

事实上，当初佛教传入中国时，人们便是以道家的眼光来看待和接纳佛教的。把道家的虚无、炼养及神仙方术等都用来解析佛教义理。不少著名的佛学家，也是由道家理论而转入佛学的。

佛教在中国的兴盛传扬，不仅有与中国传统文化观念相契的原因，还和中国封建统治者的崇奉、倡导密切相关。自东汉末以来，佛教大乘空宗的经典编译本已在社会上流行，但因为当时的帝王对此不甚在意，故影响不大。然而，自魏晋始，统治者们大感兴趣，在玄学思想的推波助澜下，大力倡导佛学思想。

到了唐代，其风更盛。除历史上著名的唐僧玄奘在太宗的竭力支持下西去印度取经，历时十七载，取回大量经卷并译为汉文外，还先后有五个皇帝下诏迎法门寺佛骨至宫廷奉养。据史载，在迎佛骨的活动中，许多信徒用香火自烧头顶，自灼手指，还有人割臂洒血，以表对佛的虔诚，百姓之中多有废业破产而求供养，简直到了狂热的地步。

下层苦难的百姓和文化较低的官员所受影响通常都是佛教的表层和粗浅的内容。他们一般从事的是建筑佛寺、开凿石窟、吃素念佛、诵经礼拜、水陆道场、剃度僧尼、捐财布施等宗教活动。他们把自身的日常遭际、命运和佛教的宗教仪式、偶像崇拜及因果报应说联系起来。特别是普通百姓在日常生活中遇到各种挫折险厄、祸殃灾难，如生病、无后嗣、逢干旱虫灾等，便会想到焚香敬佛、顶礼膜拜，认为这样就可以消弭灾祸，求得平安或降福。所谓“临难抱佛脚”即是此理。而佛教神话传说中的观音菩萨能解人所难，多行小惠，能送子，施以甘露，在现实世界中帮助人们解决具体问题，故在人们心中扎下了深厚的根基。还有济公活佛，也是扶贫济困，深得百姓的喜爱。当然，在禅宗“顿悟”、“以心传心”、“见性即佛”的简洁明了的禅法宣传下，普通百姓中也不乏悟性高者，他们能深窥佛学的深奥义理，真正把握佛禅的真谛。

活佛济公像

然而，佛教思想精髓真正被接纳并被融合到中国思想文化中主要是靠那些有较高思辨能力和文化修养的文人士大夫。尤其是佛禅在中国盛行之后，历代为数甚多的文人士大夫包括不少政治家都热衷于谈禅说法，与禅僧交往密切。他们在人生哲学、生活情趣、精神风貌上都不同程度地烙下了佛禅的印记。

中国的佛禅之所以对历代的文人士大夫，甚至近代现代的知识分子有吸引力，大致是由于它提供了以下几种人生境界、精神追求和生活情趣：

第一，禅林的清静闲适。佛禅提倡宁静、安谧、恬淡、适意的生活环境和氛围，并突出自然清净、行卧自由的人生情趣。这相当符合文人雅士独善其身、清高超脱的口味。

第二，禅理的深奥玄妙。对于具有较高文化素养与感悟能力的知识分子来说，下工夫去探幽发微、参悟体验实在是太有诱惑力了。而且，活泼洒脱的禅风对文人学士的文风、诗论等又具有深远地启发。

第三，佛禅盛行机锋警语。即在传道和学道过程中，问答迅捷，妙语连珠，寓意深长。汾阳禅师曾有偈形容此：“霹雳机锋着眼看．石火电光犹是钝。”禅僧的机锋警语，常为文人学士所倾倒。他们十分乐于与禅僧斗机锋，在活泼的智慧游戏中触机生解、领悟人生真谛。

第四，佛禅强调“心”的开悟，事无逆顺，随缘即应，不留胸中，以时时保持“寂静”之妙境。这在专制社会中实在也是疗治遭受礼教压抑、心灵承受重负的士大夫或屡受挫折、饱经忧患的失意文人的精神病痛的一帖良方。“荣枯事过都成梦，忧喜心忘便是禅。”此语道出了禅学的妙用。禅机可以启发这些人，帮助他们恢复心理平衡。

当然，在更积极的意义上讲，禅学勘破名利等世俗观念的佛理还可铸就

“大无畏”的精神，培育出为正义事业赴汤蹈火、视死如归的品质。近代参加“戊戌变法”的著名维新人士谭嗣同在变法失败之际，别人劝其速速逃逸隐匿，他说：“各国变法，无不从流血而成，今中国未闻有因变法而流血者。此国之所以不昌也。有之，请自嗣同始。”因此，慷慨赴死。谭氏固然具有救国救民、“冲决罗网”的革新者之勇，然而他对佛学的深刻体悟也是他的强大精神力量来源之一。他对佛学深有研究，熟谙其中的经义理，以发菩萨行和“我不入地狱谁入地狱”的无畏气概为宗旨，最终在视死如归的光辉人性和民族魂中映射出卓越的宗教精神。

人生确实存在诸多磨难和烦恼，要消除世间的种种痛苦，不能只靠精神解脱，而要积极有为，投入世间生活洪流，完善自我，创造美好的生活。

西方的个人主义

个人主义作为一种强调个人价值、个人自由、个人利益的人生哲学和生活态度，萌芽于古希腊，后来长期遭受压抑。然而到了近代以后，它在欧洲成为一种潮流，在摧毁神学、中世纪禁欲主义生活方式以及与封建专制主义政治的斗争中发挥了巨大的作用。个人主义在西方已同自由、民主、平等的观念完全结合在一起，并被认为是人的创造精神的基本来源。它是西方价值观念的核心，也是西方文化精神的集中表现。在西方，有各种各样的哲学理论为个人主义价值观念提供了根据，个人主义已融入西方一般人的灵魂，是他们的基本信念所在。并且由于已成为一种生活方式，它已变为西方普通人的生活态度。以下仅将个人主义价值观作学术文化介绍，青少年读者一定要批判地分析，吸收其中的积极因素，扬弃其中的消极因素，树立积极的人生观与价值观，为国家为社会多做贡献，同时也实现自己的人生目标。

民主激发个人意识的高扬

西方文明的发源地希腊，是由散布在爱琴海周围的岛屿与半岛组成的。罗马帝国也只不过是沿地中海周围展开的政治实体，以上二者在地域上都有某种开放性。这势必造成文化发展的外向性和趋上性。这与中国的“内陆腹地”式的文化不同。希腊不太强调集中统一的专制结构，而是主张对现有生活方式的超越和个体潜能的开发。于是，地域的狭隘反而助长了观念和行动上的开放性，而对生活处境和范围的不满，最终刺激了对更高生活目标的追求。这充分显示了西方文明的地域文化的特征。据亚里士多德在《雅典政制》中记载：雅典原来也是贵族当政，按照门第和财富委任执政官。但是，梭伦的政治改革和经济改革建立了某些民主制度。如改革后下等阶级的人在公民大会中具有当选为公职人员的资格，从而获得公民权利；最高法庭，面向全体公民，并由普遍的公民投票选出成员，负责审理对执政官所做判决的上诉。梭伦自己曾说："我制定法律，无分贵贱，一视同仁。按照正义，人人各得其所。"如此使农民和中产阶级各得其利。

古希腊执政官伯里克利斯

到了公元前461—公元前429年，即伯里克利斯时代，雅典民主制度进入全盛时期，它更加限制了旧的贵族会议的职权，保证每一公民都能自由发展自己的智力、才能和事业。伯里克利斯在公元前431年发表的一篇著名的演讲中表明了这一点："我们的制度之所以称为民主政治，因为政权是在全体公民手中，而不是在少数人手中"；"我可断言，我们的城市是全希腊的学校，我们每个公民在许多生活方面能够独立自主，表现出多才多艺。"所以，他呼吁，"你们要下定决心：要自由，才能有幸福；要勇敢，才能有自由。"于是，在这种民主制度之下，雅典社会出现了繁荣活泼、欣欣向荣的景象。

民主制度下个体地位的提高促使学者们关注个人在社会生活和思想文化发展中的地位问题，苏格拉底的说教"认识你自己"已成为希腊人的格言。他告诉世人：人并不是全知全能，人是在一个不断自我认识、自我反思的过程中把握自己的；人发展或认识的真正动力正是在这种不断认为自己有缺陷的基础上进行的。因此，人的思想的出发点应立足于内，而不是诉之于外。这样他就为个人的自由找到了真正的基石。同样，当时最大的智者普罗泰戈拉，也曾在雅典讲学，他的著名格言是“人是万物的尺度”。这同样肯定了个人在世界上的自主权利。

在古代希腊就已出现“在法律面前人人平等”的思想，希腊的“历史之父”希罗多德在所著《历史》中，亚里士多德在《政治学》中，都表达了这一观念。它保证了每个公民享有充分自由活动的权利，并能够维护其尊严和个人的独立自主意识。在这样的社会里，每一个人既有一定的义务，但同时又有别人所不可侵犯的权利。因此，每一个人都是自己的主人，而不是别人的奴隶。这就是西方文化中个人主义的精髓。就此而言，近代和现代西方文化的发展是希腊文化的延伸。

在中世纪的欧洲，人们盲目追求的神性严重地压抑了人性，在极端强大的神权面前，个人的价值和权利完全被漠视，并且被随意践踏。然而，随着资本主义的兴起，古希腊文化中的个体意识、个人自主、自由的思想和民主传统促进了近代欧洲个性解放的到来和个人主义人生观的形成。

个人是一切的出发点

但丁宣告“人的高贵超过了天使的高贵”以后，文艺复兴的序幕便揭开了，黑暗而漫长的中世纪终于结束了。历史的车轮从此由以神为轴心转向以人为中心。人不再是神和教会的奴仆，人成为人自己，成为青春和生命本身。支撑这种信念的就是刚刚兴起的、有强大生命力的资本主义的历史潮流。它鼓励人向神和教会的至上权威挑战，引导个体发现自我。可以说，文艺复兴是真正意义的个人主义时代的开始。这种个人主义成为以后西方伦理思想、社会心理和人生哲学的基本格调。

文艺复兴时期人文主义者的个人主义核心是把个人当作一切的出发点，真正完成了对个人的发现。这个时期的个人主义特别强调个人的特殊价值，撇开种族、民族、家族、党派和社团，以突出个人的地位，追求个性的自由发展，有的人甚至赤裸裸地把自己抬高到社会、民族、国家之上，表现出极端的个人主义。意大利思想家瓦拉说：“对我来说，我的生命要比整个宇宙的生命有更大的幸福。”至于国家、民族当然等而下之。瓦拉把个人幸福与爱国主义对立起来，说为国家牺牲自己的生命的烈士是无法理解的，因为烈士之死是希望祖国不致灭亡，但他既然已死，对他而言，祖国不也就随之死亡了吗？这种思想的产生是与当时意大利政局相关的。当时意大利需要统一，可

君主们为了自己的私利不愿联合，异族入侵，危在旦夕，他们为了保护自己的既得利益置国家安危于不顾，甚至还乞求外族强敌援助自己。显然，牺牲个体的生命去维护这种君主的统治是完全不值得的。

这种极端的利己主义到文艺复兴后期得到进一步发展。蒙台涅便是这种思潮的代表。他把个人利益与他人利益完全对立起来，将个人作为生活的最高目的。他说："我们为他人生活已经够多了；让我们至少在这余生中为自己生活吧。让我们的思虑和注意返向我们自己以及我们的安乐吧。"这里，个人绝对高于他人，高于社会。为了前者，必须抛弃后者；必须牢牢记住：只有自己才是目的，而其他人都是实现这一目的的手段。

为了高扬人的地位，人文主义者竭力反对教会的至上权威，抨击奴役人性、扼杀自由的教条，宣扬自由意志论。应该说，自由意志论是个人主义倾向的必然结果和具体表现。但丁十分强调意志自由，认为它是自由的"第一原则"，而意志自由便是判断自由、行为自由。这种自由观，是对中世纪预定论的批判，并且强调行动，因而超越了他的同时代人的自由观。法国文学家拉伯雷在小说《巨人传》中更形象地袒露了意志自由观：想做什么，就做什么。

人文主义者强调自由是为了反对人匍匐在"神圣"教会的门槛前面，是为了摆脱禁欲主义的枷锁。他们大多仍信奉上帝的存在，但反对教会对人性的摧残，反对教会对世俗生活的贬黜。他们只要求自然的、感性的生活。这种享受世俗生活的人生观在意大利思想家彼特拉克"我是凡人，我只要求凡人的幸福"的命题中充分显现，成为当时人文主义者的共同口号。

在追求完全的个性自由和要求凡人的幸福上，蒙台涅的个人主义表现得较为彻底。他不但揭露教会的野蛮和残忍，更怀疑上帝的存在，认为上帝是虚无缥缈的，基督教神学宣扬原罪说是不足信的。在蒙台涅那里，人成为世界的真正主人，在人身上没有超自然的神的束缚。人作为无罪的人、自由的人载入历史史册。而那至尊至高的神、那第一原因和最终目的，在他那里消失了。这是文艺复兴运动人道主义观点最大胆地表述，对个人主义人生观的发展起了极大的促进作用。

文艺复兴运动造就了一大批伟人巨匠，他们几乎都是个人主义的信徒。他们崇尚自由，追求自我的解放和发展，强调个人至上，反对教会和它实行的禁欲主义。英国大文豪、杰出的人文主义戏剧家威廉·莎士比亚就是为追求自由和个性的发展离家出走，去从事自己喜爱的、但为当时世人所鄙视的戏剧。他没有步前人的后尘，去摘那顶世人羡慕的、闪着金光的诗人桂冠。他依靠自己的辛勤劳作和非凡的才能终于跻身上流社会，并为自己挣得了一笔相当可观的财富。

时代推出伟人，而伟人又强化了时代氛围，推进了整个社会思潮的进步，激发了每个“个人”的觉醒，推动了一个持续的、以追求个性自由、谋取世俗幸福为目标的资本主义运动的发展。文艺复兴作为中世纪和近代的中介，不可避免地带有两重性，由于过分强调个人，往往带有绝对性和幼稚性。它是中世纪否定个性的“反题”。成为通向近代合理利己主义的“合题”的一个重要中间环节。

因信仰而自由的个人

文艺复兴时期的人文主义提倡人性以反对神性，提倡人权以反对神权，提倡个性自由以反对中世纪的宗教桎梏，强调“人”是现在生活的创造者和享受者，反对中世纪抹杀人性否定此生的来世观念和禁欲主义，主张文学、艺术、科学皆以人为服务对象，以人为思考中心，促使人的思想、情感、智慧和创造潜力从神学的束缚中解放出来。

宗教改革学说则以宗教的形式、神学的术语表述了同一思想。德国宗教改革的旗手马丁·路德以“因信称义”说，从神学理论上怀疑并最终否定了中世纪教会和罗马教皇存在的合法性。在马丁·路德的新教中，宗教简单化了，人们只看到上帝与信徒之间应允和祈祷的不断交汇的关系。曾是中世纪人的救赎中不可缺少的中介人教士阶层，则成了信徒与上帝交汇的障碍。这里，具有决定意义的是个人的内心信仰，一切外在的权威组织、教皇和教会都不再具有昔日的意义和重要性，失去了此岸与彼岸的中介的作用，失去其统治信仰、支配精神的权力。

马丁·路德像

在路德那里，“人”的地位超乎一切被造物，“我是一个人，这个头衔比一个君主还要高些。原因是：神并未曾创造君主，神只创造人，使得我成为一个人。”同样，路德新教中的上帝也不再是那个要求人们放弃一切世俗生活、凌驾于万物之上、随时准备惩罚和拯救的严厉的造物主，而是给人以恩典和救赎的慈爱的天父。新教的上帝已从彼岸回到人间，成为人们心中所具有的精神实体。所以，只要信仰基督，便可以自由自在地生活。

路德认为，人的信仰就是人的一切，它正是我们的生命，人只要有信仰，无须任何中介人或代祷者，就可获得上帝救赎的恩典。信仰使得人与上帝面对面，没有任何受造之物居乎其间。人只要有信仰，无须外在的律法和戒律的约束，无须善功和赎罪，就可得到基督的公义和永恒的生命。

而信仰又是信徒个人自愿的事，是任何人无权干涉的。在这个意义上，每个人都是自己信仰的主宰，自己精神的主体。这样，个人信仰的独立便决定于个人人格的独立。

路德反对中世纪的禁欲主义。他的新教为人们的世俗享受宣布了上帝的恩准。由于个人的信仰成为个人行为的最高主宰，因此有信仰的人，只要他认为自己的行为上帝会赞许，便可以自由自在地做他想做的一切。由于信仰，不仅人的原罪已被克制，而且本罪也会很容易得到宽恕。衣食男女，乃至追求正当的生活，是人之天欲，并不是罪过；修道院誓约、禁食、苦修、朝圣、圣物崇拜等，都是不必要的，因为这些行为是以外在表象为称义之本，实际上是否定基督；还有修道的三戒即童身、服从和贫穷，都是没有《圣经》依据的，婚姻应当成为自由的，即便是神父，教皇也无权禁止。路德本人就以实际行动向天主教森严的戒律挑战。1525 年，他 42 岁时，与一个还俗的修女结婚，生儿育女。路德还为小儿子约翰作了《马槽歌》，现在此曲仍是西方各国儿童所喜爱的圣诞颂歌。路德是个极有个性、极富人性、极善探索的人，他热爱自然，追求自由和世俗享受，他具有诗人的气质和音乐家的天赋。追求现世的自由和享乐，肯定个人的意义、价值，不仅在路德的新教学说中，且在路德本人身上得到了充分的表现。

路德学说中充满要求摆脱精神奴役、追求自由的强烈的个人主义，这体现了时代的精神，符合近代历史发展的趋势，因此，路德成为新兴的资产阶级思想的代言人。

另一个宗教改革家加尔文尽管不主张追求和享受世俗生活和人间欢乐，

但同样强调个人可以直接面对上帝而无需任何中介，并且竭力鼓励人们大胆地创造、刻苦地工作，激发人们去赚钱、去发财、去获得成功，以此来荣耀上帝。这种思想表面上看起来与崇尚自由的个人主义毫不相干，它提倡日常生活的克勤克俭、清心寡欲，但实质上它却从事业的角度鼓舞了个人的自由奋斗、大胆创造的精神。这种说教是充满浓厚的功利色彩的个人主义，它与资本原始积累时期资产阶级的愿望、要求和生活方式完全吻合。因此，加尔文新教影响产生的社会精神被马克斯·韦伯称为“资本主义精神”。

加尔文像

社会利益是个人利益的合成

个人主义尽管在反对教会的人性压抑和思想束缚以及在反对封建专制主义的人身压迫的斗争中起过非常积极的作用，但是这种人生哲学如果单纯地理解为主张个人利益高于他人和社会的利益，那么，逻辑上的推论与实际中的结果便是自私自利，损人利己。为了避免这种自我中心主义，西方一些哲学家主张将个人利益与社会利益相结合，提出社会利益是个人利益的合成，这是又一种个人主义人生观。

英国哲学家洛克从获取个人最大的、长远的快乐和幸福的动机出发，说明人也要注重社会利益和他人利益。他指出，人的行为一方面服从着自然感性欲望的驱使，另一方面又受理性的支配，这才使他们在追求满足与快乐时，不单纯图谋眼前暂时的利益和快乐，而是力求最大的快乐和幸福，不单纯注重个人的利益，而且也考虑到他人的利益。

洛克认为，人天性追求幸福。而幸福本身具有不同量的规定，有“最大的”、“真正的幸福和快乐”，也有“最低限度的”幸福和快乐。要得到“最大的”、“真正的幸福和快乐”，就必须不为暂时表面的快乐所陶醉，要用理性来调节自己的追求，指导自己对各种感觉进行正确地分析判断，权衡利弊，放眼远量，把握住人生的真正幸福和最大快乐，切勿以小失大，以近障远。

洛克还进一步指出，人要有远虑，有远虑即有德。这种远虑就是要考虑把个人的幸福与他人和社会的利益结合起来。长远地看，个人利益与社会利益是不悖的，而且，只有顾及他人和社会的利益，个人的利益和幸福才有最终的保障。“因此，人可以选择一种较远的善，作为自己所追求的目的。”他又说人在“保护自身不成问题时”，“应该尽其所能保存其余的人类。”这里，洛克不但否定了中世纪扼杀个人利益的禁欲主义人生观，而且也批判了极端个人主义。

与洛克同时代的荷兰哲学家斯宾诺莎也认为，要实现个人利益的途径就是通过理性来把个人利益与他人利益、社会利益结合起来。两者的不同之处在于洛克的前提是在“保存自身不成问题”的情况下，而斯宾诺莎虽然认为自保是最终目的，但为了自保，必须利他利群，在一定条件下，有必要牺牲个人利益以图最终的利己。斯宾诺莎的理性利己主义人生观，后来成为欧洲大陆唯物主义的人生原则，爱尔维修、费尔巴哈、车尔尼雪夫斯基等都深受影响，并逐渐导向了合理利己主义人生观。而洛克则把个人利益和社会利益的关系问题直接导向了功利主义的结论。

密尔像

英国哲学家边沁把社会的幸福化解为个人的幸福，他明确、自觉地意识到个人幸福与“最大多数人的最大幸福”不同。他在论述“功利”时说：“如果这里的当事者是泛指整个社会，那么幸福就是社会的幸福；假如是具体指一个人，那么幸福就是那个人的幸福。”他认为，社会只是一种虚构的团体，它是由个人集合而构成的，个人不存在，社会也就不存在；不懂得个人，就无法了解社会。社会幸福也是由个人幸福集合而成，没有个人幸福，便没有社会幸福；不懂得个人幸福，也就无法了解社会幸福。人人追求自己的快乐，这是天经地义的事情。可见，从起源和重要性上讲，个人和个人幸福都在社会和社会幸福之先、之上。

19 世纪上半叶英国另一位哲学家密尔还进一步用利己主义解释利他主义。他认为人是在社会中生活的，要维持社会生活，就必须顾及一切人的利益，只有无损于他人，共同的生活才有可能。而共同的生活是需要合作的，既有合作，就会把公共利益作为他们的共同目的。共同目的使他们觉得顾及他人利益比自己更有益，于是就有了利他主义。在这里，利己的天性和利他的行为终于统一了。可以说，这是密尔的一大贡献。但是在整个社会根本没有共同利益可言的时代里，这种利他理论只能是一曲维持资本主义秩序的高调，是没有现实必然性的说教。

很显然，“合成说”在理论上是片面的，因为整体利益并不完全是个人利益的简单相加的总和，尤其是在利益冲突普遍存在的社会里。如果真如边沁、密尔所认为的那样，那么每一个利欲熏心的资本家都有理由把自己打扮成道德楷模，这就是这种“合成论”的个人主义人生哲学在欧美资本主义社会没有广泛盛行、持久不衰的缘由。

主观为自己，客观为他人

启蒙思想家和 19 世纪欧洲人本主义者主张合理的利己主义，他们首先从人性论上论证利己动机合乎人的天性。在人性论领域，他们都是感性主义者。爱尔维修说：“人是能够感觉肉体的快乐和痛苦的，因此他逃避前者，寻求后者。就是这种经常逃避和寻求，我称之为自爱。”而“自爱是自然铭刻在我们心里的感情。”同样，费尔巴哈也从感性主义人性论出发，认为人既然是一个自然的本质，为了维护自己的生命和存在，为了感官的欲望，人必然是追求自我保存，必然是汲取一切有利于自身和享受的东西，逃避危害生命和引起痛苦的东西。因此人的本性必然是利己的。按费尔巴哈的观点，利己主义是根植于人的生理的新陈代谢之中，因而与人的生命共存亡。他说：“这种利己主义和我的头一样是这样紧密地附着我，以至如果不杀害我，是不可能使它脱离我的。”

人生行为中尚有顾及他人利益或能够尽义务的，然而在合理的利己主义哲学家看来，它们实际上都是为了自己。如费尔巴哈就认为利他或尽义务是出自人的追求幸福的愿望，与人的自爱自保相一致。尽义务，是为了谋取好处。费尔巴哈反对康德那种为尽义务牺牲自己幸福、生命的说教，认为这违

车尔尼雪夫斯基像

背道德原则、违背人性，是一种悲剧。同样，车尔尼雪夫斯基也认为，关心他人、顾及他人利益只有在两种场合下才会产生：第一种场合是对自己的精神生活有裨益，能够给自己以精神上的满足；第二种场合是当一个人的命运依靠着自己，如果不去关心他就于心不安。归根结蒂，关心他人、顾及他人利益，最终目的是为了自己。

众所周知，利己主义常常表现为自私自利、唯利是图、明哲保身、损人利己等不道德的行为，人本主义者怎样使利己主义摆脱这样的处境呢？也就是说他们是如何使利己主义合理化的呢？爱尔维修和费尔巴哈力图把个人利益与他人利益、个人幸福与社会幸福结合起来。爱尔维修说：“具有美德的是那样的人，他的强烈情欲是如此和谐地和社会利益相一致，以至他几乎任何时候都必然是合乎道德的。”当然，靠牺牲个人切身的、公正的和正确理解的利益来满足社会利益，那么，这个社会将不可避免地注定崩溃。可见爱尔维修是反对牺牲个人利益的。

那么，如何满足个人利益呢？这里关键是要正确理解个人利益。欲望有“当为”与“不当为”之分，正确理解的欲望才是当为的：首先，它放弃较小的快乐，节制自己，乐于忍受暂时的痛苦以获得长久的、更大的幸福；其次，为了维持自己的生存和种族的繁衍，人必须经营共同的生活，结合成为社会，不得不与人为善，注意社会福利。这就要求正确处理个人与他人的关系，必须做到在满足个人利益的同时，不得损害他人和社会的利益，损害他人也就破坏了他人要求幸福、财产的天赋权利，破坏了神圣的法律对每个社会成员的保护。在爱尔维修看来，财产均等，是幸福均等的唯一方法，财产均等既是社会利益，又是个人不可剥夺的神圣权利；第三，个人利益包括在公共利益之中。尽管追求公共利益的目的，归根结底是为了个人利益，但不把个人幸福寄托在公共利益之中，个人利益就无法兑现。所以，必须“做到把个人利益与公共利益紧密地联系起来”，这便是合理利己主义。

同样，费尔巴哈也把自己的利己主义看做是“完全的合理利己主义”。他认为，他所谓的利己主义，与利他、利社会并不矛盾。人们的利己心必然地、内在地包含着利他的要求和趋向，因为人们的利己之心，如果没有他人的参与和协同，是绝对不可能得到满足的。例如性爱，男女双方只有以异性的存在和幸福为前提，才能使自己的利己要求得到满足。所以，费尔巴哈说：“不管人们是否有善良意志，利己主义的人从母亲的胎内出来后，就必须与自己周围的亲人们共同分享人生的幸福。”这就是“完全的合理利己主义”。

如何才能保障这种合理利己主义的实现呢？爱尔维修寄希望于天才造就的“好法律”，因为这种法律“将会让公民们顺着他们要求个人幸福的倾向，把他们很自然地引导到公共幸福上去”。而费尔巴哈则寄托于“爱”的身上，企图以爱来消弭人类社会的一切矛盾和利益冲突。

而车尔尼雪夫斯基则把“主观为自己、客观为他人”作为调节个人与他人、社会的关系的准则，作为人们选择行为和评价行为的标准。在他看来，人的利己本性，决定了人都是去获取大的利益而放弃、牺牲小的利益，为满足最强烈的欲望而牺牲不够强烈的嗜好，也即“怎样做更愉快，人就怎样做，他的出发点是放弃较小的利益或较小的满足以获得较大的利益或较大的满足”。这是一个关于人生的理论公式。车尔尼雪夫斯基提出人的行为出于利己的动机，但是行为的效果却不应当损害他人和社会，更不应作恶犯罪。相反，人的行为效果应当有利于多数人，如果能够有利于整个民族，有利于全人类，那么，这种行为就是最高的善。这就是说，从利己动机出发，做出最有利于人类的行为，主观上为自己，客观为别人，为人类。在车尔尼雪夫斯基看来，这种利己主义是合理的，它应当成为人们行为的规范，应该是未来一代“新人”所具有的人生观。

善的本质就是真正满足要求

美国的个人主义人生观显示出其独有的特征，它特别强调让个人任意地获利，自由地去夺取成功。美国人处于新大陆，他们无须背着欧洲那个沉甸甸的“传统”的包袱，他们完全可以自由不羁地追逐个人的发展、成功、利益、效用。可以说，美国占统治地位的意识形态充满了功用主义和个人主义精神，美国整个社会崇尚创新、实效、金钱和实力。

美国哲学家杜威，他的思想对美国精神生活的影响很深。在杜威看来，

无论是自然科学还是伦理学，都只不过是人获取实利的工具。“当物理学、化学、生物学、医学有助于具体的人类苦难的考察和救治计划的发展时，它们就是道德的，它们就是道德研究和道德科学的一套用具。”纯粹的、一般的观念、理论和准则、规范必须能使个人得到好处，如果它们“不能给予单个的活生生的个人的行动以某种绝对无误的确定指示”，那么是毫无意义的。它们只有在一定的、具体的实际行动当中，也就是说在每个个体的某种“境遇”当中，才能确定其正确性。而这种正确性不在于其本身，而在于它是否适宜，是否有用。“有用”能给我们带来“方便”、“利益”，因而是正确的，是真理。而“有用”的根据则为是否满足我的愿望和利益。在这里每个个人可以完全自由地选择为自己所需、对自己有利、于自己方便的生活方式。社会规范、道德准则只不过是虚构的抽象，对个人不存在约束力。只有在具体的、单个的个体的实践、行动中，给个体带来利益、方便、效果的，才能成为真理。

根据杜威的人生哲学，自由地、毫无顾虑地追求个人利益，是一切行为的根本出发点和归宿，而衡量行为的善恶好坏的唯一尺度便是个人利益的满足与否，用另一位美国大哲学家詹姆士的话说：“善的本质就是真正满足要求。”而每个个体由于愿望不同，满足的要求不同，同一个人在不同时期的境遇不同，这就决定了善恶没有一个客观标准，全凭个人在具体的境遇中，按照自己的愿望、要求自由地构造道德价值，决定自己的行动。所以善在任何时候都不会有两次是一样的，它在任何时候都不重复自己，只有具体的时间中、具体的条件下的具体的人的善。

在强调人有绝对自由去创造对自己有用即善的价值的前提下，杜威表述了他的幸福观：幸福是每个人在具体的境遇中不间断地按照自己的愿望、志趣，自由地选择和创造价值。发展自身的才能，并由此得到效益和满足。这种幸福观一方面继承了资产阶级古典功利主义的传统，把幸福与个人的需要和愿望的满足，与道德上的善联系起来，但另一方面又反对边沁等功利主义者把幸福与快乐、善完全等同，以及把快乐、幸福看作道德的最终目的的观点。杜威说，幸福只在于行为的不断地“成功”，而不是道德行为所追求的最终目的，他不承认有最终目的。幸福不是一个固定所得，而是个人自我才能的自由发展，是愿望的满足，利益的实现。

杜威也反对把幸福与享乐等同，反对单纯把快乐、满足和享乐当成人生追求的目标；强调个人幸福的获得，要通过个人奋斗，通过主观上不断地努力、不断地克服困难等等。在这点上，他超越了古典功利主义。它把幸福同个人自我才能的实现，同奋斗、成功紧密联系起来，这对美国社会生活的进步起过积极的推动作用。

美国是一个高度发达的资本主义社会，较完备的资产阶级自由民主的政治制度使得资产阶级个人主义、自由主义表现得更为充分，更为彻底。他们不必像欧洲资产阶级那样"羞羞答答"，多少要考虑传统的伦理道德等价值观念的力量的存在。他们把人与人之间的一切交往都看作谋取个人私利的手段，把人与人的关系、人与社会的关系以至人与上帝的关系都看做是利害和买卖关系。正如美国哲学家米德所说的：美国的人生哲学是这样一种个人主义：它使灵魂面对着创造主，开辟者面对着社会，经纪人面对着市场，它们之间的关系都是契约的。

自己主宰，自由选择

随着西方资本主义的高速发展，接踵而来的是人们精神生活的普遍萎缩，情感的无所寄托以及信仰危机等等这些由激烈竞争、快节奏生活带来的一系列问题。如果说近代西方个人主义人生观，以相信科学、肯定理性为前提，以追求幸福为目标，其基调基本上是乐观主义的，那么到了近现代转折期，便出现了很大的变化。科学、理性被认为缺乏"人性"，生命的意义、幸福的目标早已为"现代性的酸"所溶解，变得不可名状，无从把握，如同卡夫卡的"城堡"、贝克特的"戈多"一样神秘、荒谬。人生观变得越来越消极、灰暗，越来越显出非理性、反科学倾向。在十分重视理性、擅长思辨的德意志民族，一连出现两个激烈反理性、反思辨的哲学家：叔本华和尼采。对理性来说，

叔本华像

这不能不说是悲剧的诞生。对西方人而言，这无疑是一次严厉的灵魂审判。从此，人生不再如田园牧歌式地充满希望、令人憧憬。

如何面临悲剧性的人生，这就是叔本华和尼采的分野，前者告诉你对注定的悲剧命运要么离尘遁世，要么自我毁灭；而后者则让你直面惨淡的人生，在没有了上帝、没有教会、没有一切可作依附的时刻，人必须“自己寻找自己”，“给自身以意志而抛弃一切服从”，人应该克服自身本性，出类拔萃才能重新为一切新价值立法；要成为一个创新者，首先必须学会控制和主宰自己的欲望；在学会控制自己的内驱力以后，就能够由于自由选择的结果而使自己有所成就。这就是强者的路、主人的道德、超人的所为。尼采让你追求、不断地追求，最后在追求的疯狂中倒下，在他看来这是何等壮观的一举，这是狄奥尼索斯（希腊酒神）精神的再现。

随着尼采宣告“上帝死了”而出现的价值真空，人们深深地领悟到：人，只有人自己才是一切价值的建立者和评判者。这种“价值翻转”的思想震动了现代西方人的心灵，使他们的精神生活发生了根本性地变化。

两次世界大战的创伤加剧了西方世界的双重危机：信仰危机和科学危机。存在主义正是在这双重的大崩溃中看到了自由的光明，在各种幻想破灭的信仰废墟上寻求人的存在的真谛。正因为如此，存在主义得以在上世纪20年代的德国，40、50年代的法国兴起发展，它顺应了一种时代的趋势，迎合了一种历史心境。

存在主义最根本的特点就是把人的存在——人的个体存在作为哲学研究的首要对象。它认为，人的存在是孤立的个体的存在，每个个体都具有独一无二的、与众不同的特征，这种特征构成了人的独特的个性与本质，构成了人的真正的存在。并且这种人的存在只有在个人与他人、社会的分离与孤独中才显现出来。这种人的存在是人的自我即个体的主观性的存在，最初是作为纯粹主观的、虚无的、没有任何规定性也没有本质的存在。人所具有的各种具体的特征和规定性是人后来完全按照自己的意志进行选择和创造的结果。正如萨特所说：“首先是人存在、露面、出场，后来才说明自身。……人之初，是空无所有，只是后来，人要变成某种东西，于是就按照自己的意志而造就他自身。”这就是存在主义的第一原理“存在先于本质”。

从“存在先于本质”出发，萨特又提出了“人的自由”问题。萨特认为，由于人的存在是孤独的、个别的，最初是“空无所有”的，因而人是绝对自由的，他要不断地超越，不断地自我造就。人世间不存在设定人类本质的上帝，而唯有人自己才是自己的设定者。所以人的这种自由不但是绝对的，而且是“命定”的，除了自由本身以外，不可能在人的自由中找到别的限制。

正因为人是绝对自由的，存在主义认为，人总是要不断地进行选择、决定，并对自己的一切行为负责任。所以人在任何时候都无法避免忧虑不安和烦恼畏惧，甚至不能避免绝望的心情。萨特说：“任何人如果专心致志于自己，并明白他不仅是他自己所挑选的人，而且也是同时挑选全人类和自身的立法人，那么，他就无法避免掉他的全面的和深切的责任感。”人的自由性决定了人要为自己、为全人类、为世界承担责任，这是“后无托辞，前无辩护”的。“自由”就是人所不堪承担但又不能不承担的重担。

概括而言，存在主义是这样一种个人主义：它把所有的一切都归结为个人的主观性，把所有的责任都推向个人。这是一种在精神上绝对自由的而在现实中常常要碰壁的个人主义。

西方个人主义人生观随着西方文明的发展，理论逐步深化，内涵不断丰富。它的各家理论各有特色，但是它们有一共同思想，即个人价值高于一切；有一共同的目标，即追求个人自由和个人利益。显然，作为一种价值观念的个人主义，在促进人类其他基本价值观念实现的同时，也常与它们发生尖锐的矛盾和冲突。个人主义人生哲学正是在这种矛盾和冲突中不断改变自己的形式，克服自己的局限性，以适应当时社会的需要。显然，这种矛盾和冲突将继续存在。可以预见，追求自由的西方个人主义人生观将会继续改变自己的理论形式，提出新思想，以解决面临的新问题。

在变化与进步的时代，年轻人要有高尚的人生目的和正确的人生观、价值观，努力做一个纯粹的、没有低级趣味的人，用智慧创造美好的未来。